MON
DAY
MATTERS

I0145077

在你的职场经历神

周一至关重要

马克·毕尔顿著

calledtobusiness.com

Called to Business Pty Ltd
c/o Pearce Davis
PO Box 1360
Baulkham Hills
New South Wales 2153
Australia
www.CalledtoBusiness.com

Cataloguing in Publication Data:
Title: MONDAY Matters. Finding God in your workplace / Mark Bilton
ISBN: 98709942352-6-8 (paperback)
ISBN: 98709942352-7-5 (ebook)
Subjects: Religion and Theology, Business and Economic
Dewey Number: 248.4

Title and Chapter Logos by Gini Wells
Interior design by Justine Elliott

目录

Mark 在商界行了他当行的路，现在他借助《周一至关重要》一书来说的他当说的话。本书来自于他自身的实践，所以充满了生命力。Mark 所想，超越了工作就是为了满足日常物质所需的通常观念，或者是很多信徒以为的只要在周末做两小时的礼拜（完成对上帝的宗教仪式），然后在工作日就可以随心所欲——这不是基督徒在商务界应有的状态。基督徒的正常生命绝不该是这样。往下读这本书时，它会让你觉得备受挑战，但是它也给你极大的鼓励，因为借着这本书，Mark 会将上帝的对你完美的心意展现给你。

Peter Irvine, Gloria Jean's Coffees 的联合同创始人

澳大利亚演说家和作家

"作为基督徒，内心深处，我们都明白"周一至关重要"，但是，我们如何让自己的属灵生命和日常工作结合在一起呢？Mark Bilton 的《周一至关重要》一书所讲述的就是将我们的属灵生命和我们的工作交织在一起所能拥有的能量。而且，Mark Bilton 以切实可行的方式向我们展示了我们如何能通过工作取悦上帝。因此，对于想让人生的每一天都有价值的人来说，这本书就是一部能指引他们的宝典。"

Wendy Simpson, Wengeo Group 的主席，

前任阿尔卡特 - 朗迅公司亚太区高级副总裁

"工作占据我们生活如此大的一部分，然而，教会似乎在周日牧师的布道中对此事言之较少。对于那些对基督信仰坚贞不渝，而时时刻刻都想在生活中实行基督信仰的人来说，工作日的所作所为所想的确至关重要。这就是为什么《周一至关重要》一书如此重要而且适时的原因，因为 Mark Bilton 帮助我们认识到通过上帝恩赐给我们的工作，去发现上帝赋予我们的旨意、目的和成就。此书毫无疑问地成为本年度的必读书之一。"

Berni Dymet, 国际广播电台工作人员，作家，

演说家以及 Christianity Works 的首席执行官

"Mark 的《周一至关重要》是所有基督徒的必读书。当下，有关神俗分界的争论热火朝天，《周一至关重要》一书就此难题给出了一个令人耳目一新的说法。我偏爱书中 Mark 所引用的那句简单的话，'因其为神所命定，所以神圣。'此书清晰地讲述了上帝在世间的目的，以及在他的旨意下交托给我们的任务。我强烈推荐此书，因为书中无处不有的天启。阅读此书，从头至尾都是一种享受，我迫不及待地想阅读 Mark 的其他著作了。"

Amanda Wells, 企业所有人、牧师，

Passion2Product Coaching 的主席和所有人

"我曾有幸见过 Mark Bilton，并亲眼见识过他对上帝和工作的热忱。在《周一至关重要》一书中，他清晰明了并掷地有声地阐述了工作是神高贵神圣的召唤。他从自身经验和《圣经》所言中，总结出了在工作场所神赋予他的子民怎样去影响他人的圣洁而实际的方法。这不是一本理论书籍，而是一个践行书中所言的基督徒的内心剖白。"

Michael Baer, 美国 EmployBridge 首席人力官，

国际演说家，Business as Mission 一书的作者

"此书中，Mark Bilton 汇聚了众多资源。Mark 作为工作场所的佼佼者及他人的导师，能使许多受他所影响得人的生命加快往更好的方向改变是他个人坚定的信仰和他对神的顺服的结果。来加入信仰者的行列吧，在世界各地都有这些愿意聆听上帝的声音，并遵从和回应着上帝的旨意的人们。"

Patrick McBane,

Marketplace Solutions, Inc. 的创办人以及主席

"我为你们不住地感谢神，祷告的时候，常提到你们。求我们的主耶稣基督，荣耀的父，将那赐人智慧和启示的灵赏给你们，使你们真知道他。并且照亮你们心中的眼睛，使你们知道他的恩召有何等指望，他在圣徒中得的基业有何等丰盛的荣耀；并知道他向我们这信的人所显的能力是何等浩大。"（以弗所书 1:16-19）

鸣谢

我们每个人的生命中都会有一些助我们前行的人。有的给力，有的鼓舞，还有一些人比我们自己还更坚信我们会有机会发挥出一切潜能，以成为最好的自己。我很幸运，我的生命中有很多这样的人——他们坚持不懈地鼓励我，为我祷告，也正是因为他们的坚信并坚持，才使得这本书得以完成。

感谢经常和我碰面并一起祈祷的伊恩（Ian）和肯（Ken），感谢你们的鼓励、帮助，还有那些周五一大早我们在一起所经历很有意义的深度讨论。

感谢温蒂（Wendy）和拜伦（Byron），感谢你们一直在你们的一切所行坚持卓越，给我的榜样就是在商业领域秉持你们的信念。

感谢我可爱和一直非常有耐心的妻子——海伦（Helen）。她本身就在带领和帮助成百上千的人与神同行——你是耶稣赐予我的除他自己之外最大最美的礼物。

最后，感谢我的救主耶稣——神国的猎人，你坚持不懈地用爱把我拽入这个王国，你真正挽救了我的生命，我将永远感激。

前言

神在全球范围动工，其表现形式多种多样，并由圣灵亲自策划。它看似体系不完整且组织涣散，但是当神动工时，全球的民众、社区和国家无不受到震动。

"我坚信在下一波神做工的重点之一是在职场的信仰者身上。"——Billy Graham[1]

神这次做工的起始，源于基督徒将自己对神的信仰深深局限于周日在教会的礼拜形式中，信仰变得软弱无力。我们将信仰归结为宗教外衣包裹下的"神圣"，而视生活中其他的一切为世俗，并竭力确保两者被明确区分开来。然而，这样对神圣和世俗的分离却使得我们对自己周围的人和群体及社区的影响难有功效。

而我们的上帝，他充满激情地密切关心我们的生活与工作，他非常渴望与我们有亲密的私人关系，他关切着我们的就职场所和工作所在的行业，于多数人而言，这都是全然陌生的概念。不过，近年来，人们越来越意识到变革的必要性，并接受了我们的整个生活都受到上帝所影响这一神圣的概念。职场上的事工运动和商业使命是基督教掀起的觉醒浪潮的两大表现。

这本书是写给想看到上帝介入自己工作场所的人，这些人可以是老板也可以是职员。本书也试图讲解并阐释我们工作的每一部分是如何受我们与上帝的关系所影响的。本书也试图回答一个简单而又深刻的问题：我如何将信仰融入到自己的工作中？

我既不是一个教育工作者，也不是一个神学家。我首先是耶稣的跟随者，然后也是受神号召进入商界的人。本书中所包含的思想、概念、论点和想法都取自我25年在商业领域的经验。

我最初是一个男装专卖店的销售助理，此后，上帝为我打开了很多扇了不起的大门，使得我有机会先后成了私企、公企和跨国公司的总经理和CEO。我领导过的公司来自各行各业，在我进入时它们一般都正面临着巨大的挑战并亟需全面的变革。

我仍然在不断学习和成长，而上帝也还让我待在商业领域里。在这里，我可以发挥出最大的效用，给予他最好的服侍，因为他赋予了我在这个领域所需的才能。在这里，我经历过高峰和低谷，但是，事实证明，上帝一直都是忠实可信的，他就在我身边，为我提供随时的帮助。20岁时，上帝按照我的本相——一个没有生活目标，忧郁，内在没有安定感的人——接纳我到他的怀抱。然后彻底改变了我的生命轨迹。通过阅读此书，你可以看到我在商界所学到的所有经验教训以及它们在职场中的运用之道。

我所祈祷的就是世间所有的职场人士都能意识到神在工作场所的计划和目的。有了神的启示和赋权，我们的潜能就能被激发出来，而我们的梦想也将得以实现。上帝对你的生活是有所安排和期待的，我的经验是，我们都蒙受他的恩典，在他的恩典中神委派我们到最适合我们的特定位置完成他为我们预备的特定任务，无一例外。

第一章

为什么工作？

"耶和华神将那人安置在伊甸园，使他修理看守。"

(创世纪 2:15)

工作——听到这个词，你会想到什么？我们通常都会把它和某些比较难的事情联系到一起。有可能对你来说，工作意味着枯燥、平凡和重复的劳动；而对另一些人来说，工作意味着压力、挑战和身心疲惫。大部分人认为工作是维持生计、支付账单、支撑家庭的工具，需要忍耐，或是被当做一场不可避免的灾祸。

我们被灌输这样的文化："努力工作，然后就可享受周末"，"谢天谢地，周五了"。那么，周一呢？对于周一的到来，我们咬牙切齿，深感恐惧——对起床、上班、回家这样一种无止尽循环的恐惧。当然，生活远不仅仅只有这些！

那么，基督徒的世界观是怎样的呢？我们是被救赎的，而上帝对于我们的人生，有他的计划和目的。大部分人都承认这一点，即便只是理性上承认。但是，我们内心都持有一种本质上的误解，即认为上帝只在乎我们的精神世界。我们认为，上帝可能是会关注牧师、神父和传教士在工作日干了什么，但是那只是因为，他们与常人不同——毕竟他们是为上帝服务而生的人。

这在基督教信仰世界里是一个普遍的认知，然而圣经中完全不曾提到过这一说法。这一误解剥夺了那些每日在职场工作，周末上教堂的普通信徒对上帝的指示和生命意义的正确理解。

那么神的方式是什么呢？是一种有回报的、有目的性的、令人满意的和受上帝恩准的方式。在歌罗西书中有一句话："无论作什么，都要从心里作，像是给主作的，不是给人作的。"

这部圣典的关键词是无论什么。无论做什么，那包括我周日上教堂做礼拜吗？是的，包括。也包括我工作日的时候，所做的一切吗？这毫无疑问，通通在其中。果真是这样，那么我们为何不肯来认识神关于我们工作的真理呢？我们在工作的时候带着这是为神服务的态度，结果是什么呢？

神圣与世俗的鸿沟

生硬地要把神圣和世俗区分开来，这就是我们在后现代社会在基督信仰里所犯的重大错误。神圣和世俗之间不应该区分开来。这是人为建构的，但是几乎是远在君士坦丁堡时期，基督教成为国教以来，我们就一直在采用这种人为构建。你其实

可以在领导一个商务机构时最大限度地发挥所有神赐予你的天赋，一如你领导一个宗教机构一样。

伦敦当代基督教学院的马克·格林，在他的杰出著作 The Great Divide 2 中，用水果做了这样一个精辟的比喻：

SSD（神圣和世俗的鸿沟）是一个普遍信仰，认为生活是一个橙子而非一个桃子；认为我们生活中的一些小细节对

上帝来说很重要——向神祷告、做教会服务和参加教会的活动，但是，另外一些事情却不重要——工作、学校、大学、体育、艺术、音乐、休息、睡眠、爱好。SSD就像病毒一样，它弥漫在教会中，而且几乎我认识的每个人都染上了它。它是一个病毒携带体，我受够了，我也一直在试图抵抗它。

这种人为的视觉使信仰成为抽象的精神世界。而事实上，这与完整的生活神学相去甚远。它还会造成一个后果，就是限制了神释放他的大能。

然而，根据歌罗西书 1:20: 神"既然藉着他在十字架上所流的宝血成就了和平，便藉着他叫万有，无论是在地上的、天上的，都与自己和好了。"

你在这个世界的位置

上帝把你打造得独一无二，你是唯一的，现在没有人和你一样，今后也永不会有。上帝带着他的美意，特地创造了你。

2. *The Great Divide*, Mark Greene. Online: http://www.intheworkplace.com/apps/articles/default.asp?articleid=12783&columnid=1935. 他赋予了你独一无二的天赋和才能，也赐予了你独特的脾气和个性。你知道你擅长一些事，但是却不擅长另外一些事。上帝将特定的热忱和梦想内置在你里面。

有的人关注细节，但是有的人却只把握大方向。也会有一些事，我们永远都做不好。我们很容易因为别人拥有我们所不拥有的才能，而感到羡慕和嫉妒，但是我们每一个人身上都携带有让我们成为神所命定的那个特定个体所需的一切——我们是独一无二的综合体。

就像上帝独一无二地创造了我们，我们所需完成的使命也是独一无二的。《圣经》中说，上帝对我们有计划、有安排——旨在帮助我们，而非伤害我们。我们该做什么，我们可以产生什么影响他早有安排——都在他的计划里。可以说，大部分人几乎把所有的时间都花在了工作上。上帝的旨意难道只关注我们工作之外的小部分时间吗？如果这样的话，那就是一种浪费。上帝并未召唤我们把基督思想的表达和实践限制在我们的业余时间里。

也许你在边工作边等待上帝将你召唤，让你成为一名牧师。有的人正是被召唤，成为全职服侍教会的神职人员，而还有一些人就被召唤去其他国家做传教士。然而，我们都被召唤加入神的仆人的队伍——在日常生活中完成上帝的旨意。

你在等待的召唤，你在寻找的使命，你在追求的恩赐，都在这里，就在你现在所处的地方。也许，上帝对你的召唤，就是要你待在现今所处的地方，完成你的使命。

如果你服从上帝，按照他的要求去做事，这就是上帝的召唤。你一旦被上帝所召唤，上帝就赋予了你能力。不管我们是教会的全职服务人员，还是从事的是所谓的凡俗工作，我们所拥有的圣灵所给与的天赋和恩赐都一样能显现出来。上帝对你的日常生活以及工作细节都充满了兴趣。不管你在哪里，在生意场上还是在海外做传教士，他都能够而且会让你在所处的位置发挥出效用。

我们需要挑战我们的世界观。我们把我们的世界划分成了神圣和世俗两个部分。我们的礼拜和基督信仰局限在了周日，可能有的信徒还加上一个周三晚上的家庭聚会，而我们做的最神圣的事也许就是参与祷告会了。通常，我们会以教会活动占据了我们多少业余时间来判断我们虔诚、信奉和灵性的程度。

教会领导者也会受到这种观点影响，甚至通常都能延续这种观点。他们理所当然地会将关注的重心放在维护和发展地方教会上。我可以毫不犹豫地承认，地方教会应该是一个非常重要和有效的组织。我们都必须参与到一个地方教会组织，并且致力于成为该组织的一员。但是作为上帝的信徒，要履行我们的仆人职责，我们需要做的还有很多。我们都是受到上帝召唤的祭司和国民。我们因为上帝赋予的使命，而被恩赐和委派。

试想一下，如果我们的教会领袖持有这样的观点——即他们只有周末才工作；他们布道和传教只是为了还贷，会怎么样？听起来很荒谬，难道不是吗？在这样的教会领袖的带领下，我们肯定不会太舒适。然而，我们却非常乐意将其应用在我们的职场生活之中。为什么？如果上帝把你放在哪个位置，那肯定是有他的意图和计划的。如果是身兼使命，那么，难道他不会赋予你相应的才能完成使命吗？如果上帝想让你成为高效能人士，他自然会像对待所有受他召唤的人（无论是牧师、神父、传教士还是全职教会人员）一样，赋予你所需的才能。

通常，作为商业领袖或职场人员，我们会贬低自己所充当的角色——以为就是为神的国提供金钱而已。如果你愿意的话，你是在资助神在"世界末日"所做的事。这是一个重要部分，但是我们被召唤进入商业领域，绝对不仅仅是因为这些。

我们被呼召，以身宣教，服务他人及去见证，是为了我们能够和上帝一起创造，为了让上帝的国降临到我们及我们周围而产生巨大的影响。上帝要求我们展示基督徒的生活，向我们周围的人传讲神的福音，也向在这世界迷失的人做见证。上帝授权我们要将和谐带到我们工作的地方和更大的市场领域。我们被赋予了这样的能力——去服务大众，以及对社会产生变革性的好的影响。倘若我们真的能够掌握这一真理，我们肯定能翻转这个世界。

根据马太福音第 5 章，我们被召唤来充当企业的"盐和光"——盐是为了清洁和维护；而光是为了驱散黑暗和带来温暖。我们能从马可福音 16:15 的这一说法中，看出耶稣给我们留下了非常明确的使命："你们往普天下去，传福音给万民听。"

这指的是世界上的所有人。不管哪里，我们出现在那里，那就是我们的世界。这是一个巨大的挑战，而其对我们的要求自然也是让我们望而生畏的。不过，上帝永远不会要求我们做一件事，却不赐予我们足够的勇气。他要求我们做什么，就会为我们提供完成此事所必须的一切。

上帝全心全意、毫无保留地爱着每一个人。他从不偏待人（见使徒行传 10:35）。在他眼中，天子与庶民平等。一如我们均被视为平等，其赋予我们的角色也是同等重要的。圣经谈论我们的时候将我们每个人视为一个整体的部分，正如身体的各个部分。每一个部分都有特定的、至关重要的作用和目的。有的部分不明显或者是微小的，但是依然不可或缺。事实上，通常情况下，都是不明显的部分最为重要，而显而易见的部分则更流于表面。没有了看得见的手，我们的生命可以继续，却不能没有看不见的肝脏而存活。

上帝如何看待工作？

在现代基督文化中，对于职业，我们持有的是一种异端的层次结构观。这是一种文化偏见，并不是上帝赋予的。我们人为划分了服务的等级，把牧师、传教士，和为上帝服务的"全职"工人划为最上等，然后是服务工作者、护士、教师、社会工作者，以及其他。此外，其余人就陷入了世俗和不敬虔的深渊。处于最底层的就是会计师、律师和商业银行家。我是开玩笑，但是你可以抓住要点。这种世界观是一种与真理截然相反的幻觉。在我看来，这是为了遏制上帝的影响，因为一旦我们真的理解了上帝将我们时时刻刻安排到商业领域的意图，就毫无疑问地会产生和释放难以想象的影响。

至于呼召这个词就是来源于动词词根"喊叫"，而"声音"也是源于这一词根。呼召的字面意思就是一种呼唤，这专指上帝的旨意。上帝为我们所有人都做了定位。

每个人都应该遵循上帝的旨意，在有生之年坚守上帝派予他的职责。

不管上帝指派给我们的角色是什么，上帝呼召我们尽我们所能。马丁·路德写道，"一个皮匠、铁匠、农民，通过自己的工作或公职必然为彼此带来好处，并服务于彼此，如此一来，有许多

19

工作可能是为了群体的身体健康和精神富足而做，即使所有的人都是相互服务的。"

上帝经常呼召我们就待在我们所处之处，而不是离开。你为主效力的基础就是做好你在做的事情。就在你所处的位置，上帝会使用你、改变你并让你成长。我们要学会在看似世俗的事物中发现上帝为我们的生命所做的安排。

我们在此事上顺从了上帝的旨意，就会收获动力，会看到圣灵的果子显现，而且真正的圣职也将开始出现。上帝给了我们主宰一切事物的权利。即使在世界开创之初，上帝也赋予了亚当和夏娃权利，并在《创世纪》*1:28 中对他们说：*"*要生养众多，遍满地面，治理这地；也要管理海里的鱼、空中的鸟，和地上各样行动的活物。*"

（3）*致德国基督教贵族，马丁·路德，1520.*

从最开始的时候，上帝就赋予我们工作。工作本身的价值并不因环境变得世俗或神圣，是上帝赐予了它神圣。他重视商业像重视其他事物一样。这是神圣的使命，因这是上帝要求的。他使用它来完成他的目标，他要我们按照他的方式服务：讲究道德伦理，并追求卓越。"如侍奉上帝。"

人们常说上帝以在第七天休息来证明安息日。正如《创世纪》2：2 中说："到第七日，神造物的工已经完毕，就在第七日歇了他一切的工，安息了。"这是神为我们预定的一种有效而清晰的方式，能见证上帝的荣耀，使我们为下一周为期六天的劳作恢复精力。经过本周的组织、管理、检验、评估，效果良好。为下一周的到来奠定了基础，使下一周能按照有工作的实施进度、规划、战略、执行、预期和评价。《创世纪》1:31 说："神看着一切所造的都甚好。"

我们可能都听说过《路加福音》12:7 中的这句经文："就是你们的头发也都被数过了。"不得不说，一些人的头发比其他人容易数。撇开这个不谈，这确实说明了上帝对细节——他的作品的最微小的部分都是关注的。对任何昆虫、花朵、或他绝妙的作品的任何部分，近距离观察细节，都可以证明这一点。如果头发被数过这件事是真的，《诗篇》139:16 告诉我们："你所定的日子，我尚未度一日，你都写在你的册上了。"那么肯定每天的每个微小部分都已被神安排好了。对我们和周围的人来说，让神在我们里面动工，通过我们动工，对我们进行改造的一切目标是没有休息日的。他并没有忘记星期一到星期五。我们再次整装待发，为了在现实世界来实践出我们的信仰，不是仅仅让信仰留在星期天。

上帝给了你一个非常现实的工作要做，你今天被雇用，或你的生意能够获得回报都是这工作要实现的目标。是上帝创造了工作，这个概念是从他那里诞生的。圣经中充满了关于工作的经文，甚至是在最开始的《创世纪》中。工作是上帝的创意。

"耶和华神将那人安置在伊甸园，使他修理看守。"（创世纪2:15)

工作在亚当和夏娃在神的伊甸园里因罪而堕落之前就已经存在，他们被神分配了工作，必须照料花园，给动物命名，用他们拥有的从神而来的权柄、神所赐的资源进行工作。那时，罪恶还没有到达这个世界。

我们对伊甸园都有这样清晰的认识，这是一个永恒的，像天堂一般的完美世界，这里没有残疾或罪恶。如果你认为天堂是坐在云端抚琴，那么需要转变这个世界观，那会有多么无趣呢？当诅咒到来，被诅咒的是大地，而不是工作。

"又对亚当说：'你既听从了妻子的话，吃了我所吩咐你不可吃的那树上的果子，地必为你的缘故受咒诅。你必终身劳苦，才能从地里得吃的。'"（创世纪 3:17）

这是独特而非常重要的区别，工作并不是由于罪恶或堕落状态的结果。大地被诅咒，因而罪恶进入了世界。是的，活在这个堕落的世界总是辛苦的，也总会有罪恶的后果。但上帝送来了第二个亚当——耶稣，使我们从诅咒中得到救赎。在神圣的状态下工作本身是好的，神也视其为重要的。实际上，是上帝下达了工作的旨意。

在圣经研究中，有一种见解被称为"首次提及法则"，是对经文解读的法则，指出凡第一次在圣经主题中提到或出现的，将建立一种固定的模式，在圣经中与该主题相关的神的思想，将保持不变。最初提到的最为重要，这也设置了圣经解读模式。

你做好准备了吗？因为当我第一次听说时，差点摔倒。这是一个巨大的安慰，当然也证实了我的观点。是谁为上帝保存了第一次受圣灵充满的记录？国王？牧师？一个先知？不，而是一个普通的名叫比撒列的人。他是一个工匠、工人、一个建筑者。请阅读这则报告。

"摩西对以色列人说：'犹大支派中户珥的孙子、乌利的儿子比撒列，耶和华已经提他的名召他，又以神的灵充满了他，使他有智慧、聪明、知识，能做各样的工；能想出巧工，用金、银、铜制造各物；又能刻宝石，可以镶嵌；能雕刻木头，能作各样的巧工。耶和华又使他和但支派中，亚希撒抹的儿子亚何利亚伯，心里灵明，能教导人。耶和华使他们的心满有智慧，能作各样的工。无论是雕刻的工，巧匠的工，用蓝色、紫色、朱红色线和细麻绣花的工，并机匠的工，他们都能作，也能想出奇巧的工。'"（出埃及记 35:30 – 36）.

比撒列被形容为是一位极有天赋的工匠，在雕刻贵重金属、宝石和木雕方面，展示了强大的技巧和创造力。他还是一位大师级的工匠，门下许多弟子接受他在艺术上的指点。根据《出埃及记》所述，上帝要求并赋予他建造会幕及家具的能力。这一切都是因圣灵的充满而完成的。

这让我们看见，圣灵的恩赐和启示孕育了一种新的创造能力。这体现在《出埃及记》36:1 中："所以比撒列和亚何利亚伯，并一切心里有智慧的，就是蒙耶和华赐智慧聪明，叫他知道作圣所各样使用之工的，都要照耶和华所吩咐的作工。"

这是第一个记录人被圣灵充满的记录。我们在什么地方出了错？让我们看见只有少数人被神呼召来做所谓神圣的事？他叫我们所有人在职场上做日常工作时，被圣灵充满以完成他的任务，并为他做见证。

一次邂逅

我做了一个假设，可能不是真的。绝大多数阅读本书的人都会有一些与神相遇或者相识的经验，认为自己是基督徒。如果你不属于这种情况，我会鼓励你坚持阅读本书，因为书中你可能会发现超越常识和常理的事。你可能会认识这个以永不停止的激情爱着你的天父，他是一个会原谅你所犯的任何错误并将你变得与他一致的天父。他还为你的人生制定了永恒的计划和目标。没有任何损失，只会有很多收获。继续寻找真理，一切终将真相大白。

"神爱世人，甚至将他的独生子赐给他们，叫一切信他的，不至灭亡，反得永生。"（约翰福音 3:16).

这就是一切真相。常说过分熟悉会使人互不服气。花点时间用新的眼光阅读上面的经文，熟悉的单词却有这样深刻的意义。耶稣用最终的牺牲和难以理解的爱来表达，这爱是如此宽广、如此深厚、如此彻底，以至于我们无法理解它的全部，这是永垂不朽的，是最完美的爱的表达方式。

"求他按着他丰盛的荣耀，藉着他的灵，叫你们心里的力量刚强起来。使基督因你们的信，住在你们心里，叫你们的爱心有根有基，能以和众圣徒一同明白基督的爱是何等长阔高深；并知道这爱是过于人所能测度的，便叫神一切所充满的，充满了你们。神能照着运行在我们心里的大力，充充足足地成就一切，超过我们所求所想的。但愿他在教会中，并在基督耶稣里，得着荣耀，直到世世代代，永永远远。阿门。"（以弗所书 3:16 – 21).

对于你们当中已得着从神而来的启示而且愿意将生命交托在

神手上的人，你的工作观应该是怎样的呢？非常简单，我们必须将我们的工作观建造在我们要在工作中与神同行、时时经历神的基础上，这必须来自于我们与天父的邂逅与交流。

"耶稣回答说:'我实实在在地告诉你:人若不重生,就不能见神的国。"（约翰福音 3:3 NIV1984).

若你重生，你就能看见神的国度。这发生在我们请求耶稣的原谅并认他为主的时候。那时我们的心灵之眼会打开，开始天国的发现之旅。

你知道你要去天堂吗？你确认你已经重生吗？你也许已来教堂很久，但还没有完全将人生交付与耶稣。为什么不今天做决定？你会有很多收获。

如果我们想要在职场中有效地与主同行，根基必须牢固。我们的工作需要建立在我们日日与神同行且顺服他的旨意的根基上。如果我们已经邀请神进入我们的生命，并承认了耶稣的存在，请求过他的原谅，那么我们在世界上就应该能够证实神的真实。我们应顺服于神的意愿，让他不仅成为我们救主，也是我们的主人。我们在所有的地方与他同行，工作场所也不例外。

常常听人很不幸地提到:"我不会和他做生意，他还称自己是一个基督徒。"这实在很不幸！滑稽的是，我们所有人都向那些不知道神的人灌输希望和救赎的信息。我们在工作中怎样表现是具有永恒意义的。不幸的是，我们的上帝要受到他人的审视和评判，我们中的那些宣称代表神的人们，正是这些人的行为，为那些审视神、评判神的人提供了依据。

顺服

如果耶稣真的是我们人生的主，那么他必是我们工作的主，因此引出几个浅显的问题：他想要我做什么？他如何让我做这些事？我们本身扮演的角色和我们职场中的角色应该请求交付于主。他的意愿是什么，我们如何使自己与他在做的事保持一致？

许多年前，我曾在一家小公司任职，作为一个经理管理着一个小团队。老板是——我该怎么说呢？——在我看来很"不一样"，有点困难。我按照他的方法努力工作，业务做的很好，实现了逆转，盈利能力在新的策略和神的保守之下提升了。继而我想要换个工作，但我强烈地感觉到我要留下来，接着来了一个很好的工作机会。那一瞬间的我感觉太棒了——有一个机会使我逃离了看似是死胡同的地方。我感觉这是我祷告得来的答案，让我从极重的负担下被释放了出来。

然而，我已学会将万事放在主的面前，寻求神的旨意。当我这么做时，我觉得我不应该接受新的工作机会，反之我感受到我似乎该继续留下来在我被雇用的地方服务于老板的生意。说我感觉失望？这个说法完全无法形容我当时的感受，我看不到出路，只盼望也许是主注定的要我留守的答案并不意味着真要执行。

我思想斗争了很久，是听从于主的感动，还是听从自己的心愿？我绝对想离开去担任其它的角色，但我感受不到这样做内心会有平安，最后我还是决定留下来，但是这是一个没有真心顺服的不情愿的行为。

在我 20 岁出头的时候，转变的经历已教会了我信任上帝，而不是自己。我很不情愿地返回到上帝面前对他说："即使你想要我待在这里度过我的余生，为我老板这个人服务，我就照这样做吧。"我还拿出众所周知的用来举手投降的大白旗，在主的面前挥舞，祷告："愿你成就你的旨意，主啊，不是我的。"

　　第二天，有一封打开的信被人错误的放在了我的盘子里。我服务的这家公司那时正要出售，我已经发现了一位潜在的客户想要收购它。长话短说，客户是一家公司，名为查尔斯·帕森斯新西兰有限公司。而这是一家我最终神命定我带领的公司，随后，在这家公司收购我当时的公司之后，我被新公司任命为这家公司的集团总经理，管理其在六个国家的生意。在其顶峰时期，集团拥有数亿营业额，员工逾千人。

如果我跟随自己的意愿，去了另一家公司，我可能会错过这些机会的大门。我们要遵从神的目标，学习不依靠自己的聪明，而去信任会给我们最好的安排的主。

　　"你要专心仰赖耶和华，不可倚靠自己的聪明。在你一切所行的事上，都要认定他，他必指引你的路。"（箴言 3:5 – 6).

　　当我们在生活中寻求上帝的目标，他会以测试和挑战来证明我们是否对他忠实和信任。当我们顺从于他的方式和他的意愿，他会给予我们心中所想。他是一个能将激情和梦想置于我们内心的神。我们常常用自己的力量去努力实现我们自己的意愿，而不是托付于主，看着他来帮助我们将一切处理好。有时放弃自己所珍惜的，最终却发现神给的比我们所想所要的更好。

管理

我们都得到过。神以公平的方法给予每个人——我们所拥有的实际上是每日相同的量。这些有限的资源每日早晨是新的，到了晚上就耗尽了。多么珍贵啊！

时间是资源，它如此容易被浪费，一过又难以挽回，神分给每个人的份额是同等的，固定而有限。神同时还给我们才干、天赋、激情和能力，这些生理和精神的资源任由我们使用管理，我们有义务明智地处理所得到的，并且用已得到的在做工时充分发挥勤奋和智慧。

"因为多给谁，就向谁多取；多托谁，就向谁多要。"（路加福音 12:48）.

一切都是他的，我们只不过是他认为适合我们而给予我们这一切的管家。有一天，我们将要对所做的和得到的在神面前做交代。我们的才能在有机会侍奉上帝的工作场所得到发挥和应用了吗？神预期的收获我们成就了吗？我们所拥有的一切来自于他。只有当我们在职场中将自己交付于他，在我们的影响范围内，他就可以开始使用我们增添他的荣光。

"看哪，天和天上的天，地和地上所有的，都属耶和华你的神。"（申命记 10:14）.

一切，这是一个全面的，包含所有的词。没有例外，没有排斥，没有特殊情况，没有遗漏。一切都属于上帝，无论我们同意与否，接受与否，相信与否。如果在天堂，这是他的，如果在地上，这是他的。我们所拥有的一切，以及所有我们认为是我们本身的，都是他的。如果这是真的，我们仅是属于这一切的管家。

如果我们考虑并理解上述事实的各个可能的方面，我们会活的有所不同吗？也许我们会多一些慷慨，少一些计较；多一些责任感，少一些轻浮；多一些感激，少一些抱怨；多一些努力，少一些懒惰。首先，也许我们应该承认，神拥有一切，关于我们应当怎样管理他的一切，只要我们寻求他的心意，他将以更大的启示作出回应。

我们作为管家的态度很容易成为一种束缚。如果我们并没有正确地理解天父心灵的启示，我们将再次陷入教条主义，就如我们可以通过做工讨好上帝，而非纯粹地通过恩典和信仰。做工仅仅只是信仰的证据。

上帝拯救了我们，因他爱我们。我们侍奉他，得到知识、理解和启示，以及神的看似几乎荒谬的但却是坚定的、不可更改的、没有条件的近乎过分的爱。这种爱几乎无所不包，哪怕我们对这份爱的接受和理解使我们勉强开始走神的道路，哪怕只能抓住一点真意，神也会不停息地带领我们走他的天路。如保罗在《以弗所书》3:17-18 中写到：*"使基督因你们的信，住在你们心里，叫你们的爱心有根有基。能以和众圣徒一同明白基督的爱是何等长阔高深。"*

爱的启示是将我们对神的认识建立在他对我们爱的根基之上的。这给我们带来启示、动力、进一步启示的良性循环。这分神圣的爱是永无止境的资源，生命的不休止的动力和生命的目标感。我们从不曾气馁，因他对我们的爱没有界限。他是我们的救世主，他的救赎是有目的的。主祷文中恰好说道："愿你的国降临，愿你的旨意成就。"在那个小片段里，很多人清楚的知晓我们被神委派，赋权来改变了我们的生活和工作圈子，以及更广大的职场。

上帝关注的是我们生活的全部，而不是其中微小的组成部分——不是特定的某一天或某几个小时，而是全部——每一天，每一周，每一月，你的余生以至永恒。他有针对你的完整的目标和计划，其中你的每一天、每一种方式、全面完整的每一个微小的细节都被列入了其中。

你被救赎、被赐福、被要求实现目标。你会为所有他要求你做的事做好准备。他恩赐你精神力量、洞察力和天赋，以让你有所成就，让你建立他的国度，让你在你的职场中发挥效力。《路加福音》19:13 中说："便叫了他的十个仆人来，交给他们十锭银子，说：'你们去做生意，直等我回来。'"

上帝对你工作生活的各个方面都很感兴趣，他让你工作，向你展示用某种你并不曾期待过的方式进行工作。你的职场就是你的服务神的场所，你的工作成果就是你的福音传播。你的任务范围在职场中，你可以像牧师期待神在教会对他的带领一样在职场对你的带领。神对你们的呼召并没有什么不同，服务的地点不同而已。

他想要你工作，那也是你最能发挥效力、最有成就感的地方，也是你将看到上帝之手的地方。我们经常会到别的地方走走，但也许上帝会希望你在所在之地绽放、服务、并赐福给你让你成为你身处之地的祝福。

在接下来的几章，我们会探索职场中侍奉上帝意味着什么，如何在职场寻求神，将信仰融合在工作中，探讨主使用我们永久地影响他人的方式——不止是周围的人，还有我们自己。既然我们已经了解了我们因这特殊的目的被呼召，被恩膏，被装备，那么我们就可以明白周一作为工作的代名词为什么如此重要。

哦，顺便提一下，好好放松并享受这个旅程吧。

关键经文

"耶和华神将那人安置在伊甸园，使他修理看守。"（创世纪 2:15).

要点

· 宗教与世俗不可分割。

· 我们独一无二，为了特殊的目的被创造。

· 工作是上帝的主意。

· 上帝对我们的工作抱有密切而狂热的兴趣。

· 上帝是所有一切的主宰。

祷文

天父啊，感谢你赐予我的的工作，你让我现在明白这是你的主意。告诉我，如何在职场中应用你所给与的信念。我再次顺服于你的目标和计划之下，尤其在我的工作场所。赐福我使我得以被建立在工作场所，使你的国度在我的区域得以有效扩展。奉耶稣之名，阿门。

第 2 章

供　应

"神能将各样的恩惠多多加给你们，使你们凡事常常充足，能多行各样的善事。"

（哥林多后书 9:8）

让我们先来看看工作中最显见的部分，几乎所有人都知道上帝供养我们的方式是通过我们的工作，我们都明白这是真理。没有工作就没有收入，而买房的贷款需要偿还，孩子们需要抚养。现在我们来仔细考虑一下这似乎显而易见的事情，看看神通过工作怎样来供给我们的所需所用。

上帝供给我们主要是通过金钱回报的形式，来奖励我们的劳动，投资或者是通过我们在事业上的创兴和创建，神期待我们用我们的双手来耕耘，并收获劳动所得。

一旦从工作中收到了我们应得的，我们就要履行上帝所赋予我们的对于工作的责任，精明而又有智慧地管理上帝赐予的资源，让这资源不仅仅是我们自己的祝福，更是为了更多人的利益以及神的旨意的成就。在更深入地探索这个主题前，我们不妨花点时间来思考一下我们所有人倾注大量时间来挣得、花费出去又因此操心的东西。

金钱

基督徒和金钱有什么关系？某些人将之视为俗世的标志。他们认为钱是"不义之财"，将金钱视为邪恶。这通常是"贫困是一种美德"的心态在作祟，认为在某种程度上任何物质利益都比精神品质低下。很多情况下，反之亦然。比如说很多到教会的人也许在看见收取奉献的袋子经过时会想这个礼拜上帝的某些教会又发生困窘了，需要我们从口袋里掏出更多的金钱。他们对于金钱的关注几乎让人难以接受的坚持不懈。

从圣经的角度来说，对金钱的正确解读和通常所灌输的货币法则之间存在一种平衡，它符合以上帝为中心的观点。耶稣的许多教导和故事都与金钱有关，我们也理当效仿。口袋里有结余的财产会是一个问题吗？当然不会！

如果仁慈的撒马利亚人没有能力为他的帮助对象支付金钱，他会遇到重大的麻烦。他提前为弱者支付了旅馆的费用。他还有足够的金钱，能够许诺再回来代为偿付所需的额外部分。如果他的银行信用卡被刷爆了，他就会有大麻烦了。

在这方面有一些美妙的经文，其中有一段是我最爱的，即《哥林多后书》9:8 中说：*"神能将各样的恩惠多多加给你们，使你们凡事常充足，能多行各样的善事。"*多么美妙的供养承诺。随时保持充裕自在，我们就能行善。在这段经文里，上帝显然将供养与有能力行善联系在一起。

还要注意，上帝通过他的恩典来供给我们的一切所需。我们在上帝的良善和恩典的怀抱中，无论我们怎样努力怎样奋斗，一切其实都来源于他。是的，我们必须用双手耕耘，运用良善的、神圣的职业道德，但归根结底，是他给了我们获得财富的能力和机会。

当然，获得收入仍然是大部分人工作的主要动机。通过赚钱来供给生活所需的动机没有错，不是邪恶的欲望。上帝在我们的生命中托付给我们一些人让我们担起照料的职责这是我们必须完成的。这也是公司存在的理由——赚取利润。没有人开办一家公司就计划它会倒闭或破产。除了赚钱和供给，一个企业的存在无需更高的精神理由或结果。

我们需要理解这个启示，因为我们太过习惯通过宗教的观念，而不是以圣经的角度，来看待商业领域。不要将我们工作的理由想象的过于精神层面化，利益动机没有错，金钱也没有错。金钱是极好的工具，在道义上是中性的，无关善恶。

人们常常错误地引用经文："金钱是万恶之源。"以下是《提摩太》6:10 中所提到的内容，正确解读如是："*爱财是所有罪恶的根源。有人贪恋钱财，就被引诱离了真道，并让许多愁苦伤透了自己。*"(NIV1984). 这个警告明白无误：我们的心中不受束缚的欲望——不愿顺服上帝的来约束自己的人生——最终将导致毁灭。

利益

金钱让人获得选择的自由，选择去给予并播种在壮大和繁荣天国的事业中。我们常常因贫乏而被约束，因资源不足而在打造完美世界时受到阻碍。当认可并遵从上帝的心意时，就不要退缩，感悟并领受上帝的供养是强大而有效的资源，应将此丰盛的资源好好使用。

在面临利益的时候，我们可能常会拷问自己这样的问题："为了实现它，你会付出什么代价？"是什么在制衡你和你的工作，约束着你使你不走向不惜一切代价肆意追求利润的歪路？如果你的欲望不受约束，它就会压倒战胜你，由此导致巨大的悲痛。前面的经文提到了"用许多愁苦刺透了自己"。那是惨痛的真实画面，因而在处理金钱的方式上，制约和平衡对于我们来说很重要。

有许多示例讲述的是善良的人，他们非常关注金钱的回报，以至于看不清什么才是重要的。他们的生活反映了圣经里的内容，充满了"许多悲伤"。然而——让我表述清楚——因为我们要清晰、明确的听到这个声音——公司获取利益这个动机没有错！公司存在的本质是为了赚钱。如果一个公司纯粹为了商业目的，那它无需其他理由去证明它的存在。关于如何工作才是神圣的追求，我们稍后会看到更加详细的内容，但如果工作是上帝的旨意，对他是有价值的，那么理所当然，工作的驱动力在民主资本主义制度下是一件好事。

一个健康的企业不只需要成长，还要为社会增加财富与资源，这样才能在它被创造的基础上成就更多。若一个公司没有生命力，它的存在是由创造者和领导者所赋予的价值观和意愿。在这个意义上，它所具有的地位和影响，可以是善的，也可以是恶的。但作为金钱——在道义上是中立的。它仅仅是一个工具，它的拥有者和使用者决定了它的价值、目的、有效性、乃至神圣性。

利润并非一个庸俗的词语。它是一种强大的动力和至关重要的目标。它带来了发展和投资、可持续性和就业。我们的经济和社会集体的财富都出自于商业运营的结果，上帝用我们的劳动力和资本向我们提供满足我们需要的物质，并赐福于我们，使得个人的需求得以满足，能够养家糊口，还可以给他人，满足他们的需求。

我所定义的繁荣是这样的："我们所有的需求得以满足，足以让我们为他人付出。"我们是富有的，在全世界范围内，超越了任何可比较的对象，所有这一切都来自于上帝之手。我们所享受的资源，所创造的利润，所赚取的工资，以及所拥有的经历，都来自于他。也就是说，所有的一切都是神的赐福。

慷慨

给予抑制贪婪。这两种对立的力量使我们的动机得以平衡。给予的训练与实践消除我们天生就有的贪婪。上帝要我们过慷慨的人生、给予的人生，如圣子耶稣那样，为全人类献出了他自己的生命。如果没有慷慨的精神做支撑，仅仅就是为了财富而追求财富，就会在我们生活的其他领域和层面带来间接的伤害。

上帝是我们的供应商，他对我们的供养是他与我们立约的一部分。这反映出他的品格和他的真实性。当他代替以撒为亚伯拉罕的献祭提供公羊时，他被称为耶和华以勒，正如《创世纪》22:14:*"所以亚伯拉罕称那儿为神将供养之地。到了这一天据说：'神的山将被供养'"*。耶和华以勒的意义就是"供养之神"。名字从字面上被翻译为"看顾的上帝"[4] 他知道我们的需求并承诺供应"。

那么，我们怎样让真理融入到我们日常的生活中呢？关于给予这件事，当我们承认万物都是神的赐予时，要理解圣经传递的神的原则就不再艰难了。两件事可以帮助我们让真理来指导我们的生命。

首先，我们需要来到上帝的面前，将生活的这个领域交付于他，这并不像听起来那么容易做到的。我们真的愿意放弃这片领域的主权吗？这并非是一次做了就完成的事情；而是终身让自己面临失去这个领域主权的风险、并且不停地与自己战斗、争论。

第二，我们要在神面前来决定给予什么以及给予谁。你要有开放的心态独自到神面前来做决定，你的人生你终归要向上帝负责的。一旦决定了，就要信守承诺。根据圣经《哥林多后书》9:7的陈述，神喜悦的是这样：*"各人要随本心所酌定去给予。不要作难，不要勉强，因为给的乐意的人，是神所喜爱的。"*

我发现如果我以这种方式管理我的给予，我会更乐于给予，也不太可能有被迫要去给的感觉。

4 *《了解上帝的姓名》，大卫·威尔克森,2003, 贝克*

我发现如果我有节制地有计划地每月向一个单独的，为我给予目标服务而设立的账户打入固定的数额，定期支持我心所属的神要我给予和支持的人和事，这使得我随时有能力在有需要我给予的时候有能力去给予。*"他们量力捐入工程库的金子六万一千达利克，银子五千弥拿，并祭司的礼服一百件。"（以斯拉记 2:69).*

我们每个人都被神赋予一定的给予的能力，因此我们都有荣幸被神呼召来成为他人生命的祝福，当神要求我们"根据能力"去给予。这并不在于给予时数额之差异，而在于给予这个行动背后的那份慷慨之心。神会使用给予的法则来赐福并且改变你，使你成为神国建造者。

给予会随着时间和季节的变化而变化，需要听从神的声音让你的智慧和能力来分辨。在讲道当中我们听到说有牺牲的给予，给予如果没有含有牺牲的成分也谈不上真正的慷慨。有时神甚至将我们放在一个完全没有经济来源的情形下因此我们可以或只能全然依靠神，这样的经历常常让我们的信心变得真实而厚重。

不幸的是，一些关于基督徒做十一奉献的教育已同播种和收获这一法则相结合。这是两个有价值的而又相对独立的法则，但结合在一起时，就会扭曲我们关于给予的正确价值观。也许我所说的会颇有争议 但我在这里挑战你，去看一看历史上关于奉献的描述，看它是否真的与当今这种偏离圣经的教导方式相符合。

在极端的情况下，它将人们置于强制或者被动给予的情形之下，创造虚假的期望甚至让人被束缚在这种虚假之中。尽管大多数做这样教导的信徒怀着善良的愿望，但我坚信在这片领域，每一个人都应单独去回到神面前，自己来看神的圣言，并形成我们自己的观点。在你这么做时，要仔细查询你的动机，不要让自己的动机是逃避给予或者想要知道奉献的最低值是什么，而是怀着寻求真理的心。上帝很可能对有些人说："都奉献出来吧。"反正我们的一切都是属他所有，不只是 10%。

规则对我来说不是一个固定的数额，也不是一成不变的比例，而是全然对神的信赖而产生的服从，这让我有充分的自由来给予而不是强迫自己。所以我可以在圣灵优雅而慷慨的态度中活着。我既不想留下该回馈给上帝的，也不想将上帝给我用于照顾家人的部分再给回去。关于这个领域有大量的教义，存在一定争议，在某些情况下它是过去法则中非神圣化的表现。在这个领域，最好先寻求上帝并领悟他让我们去做的事，然后我们的观点就会自然而然地成型。

"有施散的，却更增添。有吝惜过度的，反致穷乏。"（箴言 11:24）.

在这个世界上，我们被灌输这样的观念，如果你抠门儿，就会得到更多，但天国的法则是相反的。给予会使你得到，吝惜会使你穷困。听起来与世界的原则正好是颠倒的，神要求于我们的常常与世界的是反向而行的。正如耶稣必须通过死亡而换来新生，他的死亡通向永恒的胜利。

圣经中有一个段落很精妙，保罗列举了一个教会的例子作为慷慨的绝佳榜样。我们可以借此榜样来衡量自己的动机。

"现在，兄弟姊妹啊，我想把上帝对马其顿众教会的施恩告诉你们。在异常严峻的考验中，他们满溢的喜悦和极其的贫困在富足的慷慨中涌现。我证明他们尽可能多的施舍，甚至超过了能力范围；这完全靠他们自己，为了得到服务于主的子民的特权，他们迫切的恳求，超出了预期：他们先将自己的一切给了耶和华，再通过上帝的意愿施舍给我们。"（哥林多后书 8:1 – 5）.

他们的慷慨在恩典中诞生，在考验中完善，远远超越他们期盼的他们侍奉神所能达到的界线。这里没有强迫，只有在极度的爱中产生的极度的慷慨。

圣灵将鼓励并引导我们在成功地开拓和经营商务时，我们的伦理观，社会责任感和基本的道德义务和我们想要盈利的动机之间是健康而又平衡和的，遵守神关于给予和牺牲的原则会让我们避免贪婪的天性会引起的灾难。平衡是美德。远离各种无节制的紊乱生活方式是最美好的生活方式，使你能最美好地生活。

我们的慷慨是在我们善待自己的前提下也善待其他个体。无疑的神有时要我们舍弃自己的需要来禁食或舍己性的给予，但是我们日常生活所拥有的态度是在对别人慷慨时也要对自己如此。正如一个健康有自信和能力的人总比软弱无力的人更能帮助他人一样。

个体需求

神亲自给予了我们能力，可以服务他人并满足他人的需求与渴望。我们用劳动力和投资换来的收入有很多用途：祝福自己、家庭、神的国度、穷人，以及其他我们要帮助的人。

"要求那些现世中富裕的人既不要傲慢，也不要寄望不确定财富；而要寄望于上帝，为我们提供一切丰富的欢愉。"（提摩太前书 6:17).

你可能认为自己并不富裕，这个想法的根据是什么呢？谁是你比较的参照对象呢？你见过非洲的景象吗？如果你读了这本书，你就是这个世界上少数拔尖的人——非洲到处都有饥荒，许多人仅仅是活着而已。只有从神的眼里才能看见我们的真实景象。

我们是富裕的，因而这经文也适用于我们。我们不因富有而自大，不要将生命的希望寄托于自己的财富。当我们看见我们确实很富有，这让我们很容易就信赖工资单、良好的业务、投资、甚至摇摇晃晃的股票市场。我们信赖存款、房子和退休金。这些都是好东西——非常好的东西。同时我们应该认识到，与永活的、信实的上帝相比，这些都是不确定的、暂时的、仅仅如要蒸发的水汽一般。我们要将信任和希望放在永远不变的神那里，当我们这么做了，自然就能享受到从他而来的丰盛美好的赐福。

神的供给是要使得我们作为他的孩子们得享欢愉，所以我们不要过于"属灵"化和理想化，使我们不能全然享受一切天父给予的，他认为适合我们需要的各方面的恩赐。他完全了解我们所处的社会境况。他想我们作为他的盐和光洒遍社会所有的团体，不同的阶层、行业。他将他的子民都安置在能为他人带来好影响的地方，并使他们拥有完成使命所必须的资源。他既不吝啬也不小气，他是个慷慨的神。

重要的是，我们不仅要接受、安享他所给予的，而且要将我们的满足不只是建立在我们的收入上。我们都屈从于这样或那样永无止境的消费新模式，或想要得到最新最好的。对待下一个"必备"的小玩意，似乎有一种无法满足的欲望。当我们探讨个人的需求时，应该对构成需求的欲望持有正确的观点，这一点很重要。

"我知道危难中是什么样子，我知道富足时是什么样子；我已懂得任何情况下都能变得满足的秘密，无论饱足还是饥饿，无论

生活富足还是缺少。"（腓立比书 4:12）.

什么才是真正的满足？怎样才能让你感到真正的满足？我们往往认为满足要建立在物质财富、人际关系和环境的基础上。保罗，这个遇难、被殴打、被石头砸、被监禁，有着各种伟大经验的人，却在探讨更为深入的话题。神赐的平安超越了一切理解，超越环境和经历。满足的本质只能是超自然。当保罗将这些话写在《腓立比书》上时，他在监狱里。这个监狱位于地下室，污水从上面流入他的牢房，铁链束缚了他的双手，每天他只能被释放几个小时，在这种情况下我想我写不出欢乐的心情。但保罗的观点超越了环境，没有受到环境的影响。

想象当我们如此接近上帝，其它一切就都显得苍白，一切都真实地成为了全能之神闪闪发光的背景下的影子。我们越接近他，就越感到满足。他是唯一确定、永恒、真正满足的所在。

多么伟大的所在——全然的满足。我们可以享受上帝之手的恩赐。越接近他，对需求会越客观，对欲望的满足会更少地依赖。

"因为耶和华你神在你一切的土产上和你手里所办的事上要赐福与你，你就非常地欢乐。"（申命记 16:15）.

享受主所赐给你的，他已赐福于你。你因此可以赐福他人，你也会感到喜乐。轻松地享受主的赐福吧！他乐意赐福于你，正如我们世俗的父母乐于给予自己的孩子或其他人一样。

上帝说过，他会保佑我们手中的生产和劳作，期待他的手施加在你的工作中。当你按照他的规则和信条工作，他一定并永远会向你供给所需。

家庭需求

我们都需要学习从单纯的考虑个人赐福的角度转向为他人更多的着想。尽管我们大多数人都幻想世界是围着我们转的，事实上里克·沃伦（Rick Warren）写过很有名的一句话："世界不是只围着你在转。"。他还说："你的人生目标远远大于个人的满足，心灵的平静，乃至你的幸福。"[5]

我们首先要做的是什么？在建设我们自身之后，下一步要做的是向家人分享我们的信仰并在物质上满足他们的需求。上帝当然高度重视对家庭的供，他在《提摩太前书》5:8 中说："*人若不看顾亲属，就是背了真道，比不信的人还不好。不看顾自己家里的人，更是如此。*"

5 目标——标杆人生，里克·沃伦,2004,桑德凡

这是上帝关于养育家庭重要性的认真指示，是我们每个有家的人应认真考虑的责任。在这个世界上，职业和工作使我们常常舍弃家庭的需要，我们要非常小心。记得不仅要给家人物质上的供养，还需要给予我们最亲近的人心理和情感上的满足。

我们的家庭是我们自身以外我们最重要的焦点，因此，家庭理应得到我们最大限度的慷慨和服务。许多人为"上帝的工作"而牺牲自己的家庭，这并非是少见的情况。我们要懂得自己每日都在职场和家庭中侍奉神。虽然我们有义务参与很多机构或社团为他人服务，但是我们不能舍弃自己对家庭责任的担当。

我们要在各方面慷慨地对待家庭成员，就像我们慷慨地对待

自己和他人一样。我们不能等到完成生活的其他任务和承诺后，才在闲暇之余顾及家庭。我发现当我在家庭里投入时，我就会从别的服务中解脱出来；只有知道自己的家人受到很好的照顾，他们在情绪、身体、精神上得到满足时，我才会感到安然。我们的慷慨在家、在职场、在我们传道和服务的所有领域都应该与神所播散的慷慨一样。

"西门彼得就去，（或作上船）把网拉到岸上，那网满了大鱼，共一百五十三条。鱼虽这样多，网却没有破。"（约翰福音 21:11).

我爱这段经文有两个原因，它们截然不同。首先，上帝是一个富裕的供应者。我们也许在平日里的撒网没有捞满，只够对付一天的生活。但这次彼得顺服神的话语后所得着的却远远超过了他所盼望的称作足够的量，神的供给远远大于需求。上帝供应的动机不是按照我们的期望，而是按照他的慷慨来给予的。

不光供给过量，这些鱼也不同于往日的普通小家伙，是"大"鱼——鱼大而肥厚多汁，数量更是不少。这是上帝的经济学的典型体现：他所给予的远远大于我们所求所想。

这岂不也是我们所期待的神在我们的工作和家庭中的供应方式吗？为什么不呢？我们难道不是在侍奉上帝吗？我们难道不是为神在全地的大家庭的某一部分服务吗？昨天、今天、永远，神不是一样的吗？那时适用，现在也适用。他不会随着时间的推移而改变，他在时间和永恒之外。

"耶稣基督，昨日今日一直到永远是一样的。"（希伯来书 13:8).

彼得打渔这段经文的第二个方面，不被经常提到的是，尽管所打的鱼数量庞大，网却没有损坏。不管在财政上还是日常生活中与他人的关系上，上帝可以增强我们的收获能力。神可以使我们成为我们盛装他所给予我们的一切的丰盛的器皿。如果他给了我们的是过于我们所需要的供应，他愿意我们有意愿和能力来按照他的方式处理这一切，即学习并实施在生活中祝福他人。

他人的需求

上帝对于我们的繁荣，对于超出我们自己及家人需求的供给总有另外的计划和安排。要记住，无论我们获得了什么，都是从他的恩手当中所得，所以他都有权利和能力要求他所想要达成的目标。

"我算什么，我的民算什么，竟能如此乐意奉献。因为万物都从你而来，我们把从你而得的献给你。"（历代志上 29:14).

上帝给了我们过于我们所需的供给，目的是让我们有能力因而能够施舍。他这么做的目的就是为了证明他对世人的爱。我们只是追随他对我们的真心和慷慨。他是最好的给予者，将圣子耶稣给予了我们。我们所有的一切都是他的。我们要紧紧抓住他所赐的一切，明白他的赐予在他的计划和安排中的其他用途，对于他所给予的一切，他所期盼于我们的，就是要我们做忠实的管家。

神命定要我们眷顾那些有需求的人，让他们看见并得到来自于神的供应和爱的信息，我们的生命本身要成为神的爱的证明。《腓立比书》2:4 中说："各人不要单顾自己的事，也要顾别人的事。"当我们帮助周围有所需求的人时，我们将看见神在人们生命中产生影响。这是上帝之手发挥效用的证明，我们需要确保在我们的给予中，是他得到荣耀，而非我们自己。要确保我们给予时我们动机的正确，更要知道我们是在他的恩惠中给予出去。目的不是彰显我们自己而是为了神被更多的人认识，他的爱被更多的人分享。我们享受的是人们将感恩和荣耀给于神的这份果实果实。

"叫你们凡事富足，可以多多施舍，就借着我们使感谢归于神。（哥林多后书 9:11)。

有趣的是，以上经文中并没有要我们只在某些场合或大多数场合中保持慷慨，而是指出我们要在每种情形下都要慷慨。天哪，我们怎样才能做到呢？我们可以做得到，因我们会被神装备富足使得我们有能力来做到这一切。这样人们会将感恩给与神。

这个原则应该被运用于我们在各方面的给予。我们要成为当地社团和地方教会的一员，使我们在对宣道者的供养和社区团体的运作中承担我们应尽的责任。宣道者们在那里为装备我们侍奉神而做工，他们理应受到尊敬，得到充足的供给。"让教会领袖和神职人员在贫困线上挣扎，从而会让他们更加虔诚"的有毒想法应被彻底抛弃。这种在宗教上最为严重的人权侵犯行为应该被历史驱逐。多么愚蠢的想法！实在是令人反感，这与上帝就是慷慨的真理完全背道而驰。

如果你已读完圣经，很明显，上帝的心是向着穷人的。他描述真实、纯净、完美的虔诚的方式也许不是我们所设想的那样。

虔诚不是反映在那些坐在华美的教堂里，穿着华丽整齐的衣物、看起来很公义的人们吗？不，上帝以另一种方式看待虔诚，如《雅各书》1:27中说：*"在神我们的父面前，那清洁没有玷污的虔诚，就是看顾在患难中的孤儿寡妇，并且保守自己不沾染世俗。"*

我们被神呼唤来帮助做神的工作，用慷慨的生活平衡我们的贪婪。作为基督在地上的身体，我们都要敞开胸怀接受上帝的引领，在金钱和时间的给予方面有责任和自律，这样我们才能帮助我们自己过受神喜悦的平衡的生活。从而可以避免为了当下的物质满足感和以消费为导向的唯物主义污染。

"不要为自己积攒财宝在地上，地上有虫子咬，能锈坏，也有贼挖窟窿来偷。只要积攒财宝在天上，天上没有虫子咬，不能锈坏，也没有贼挖窟窿来偷。因为你的财宝在哪里，你的心也在哪里。"（马太福音 6:19 – 21).

如果我们来看看这段圣经所讲的发人深省且有点令人困扰的想法，我们不妨试想一下，假设上帝记录了我们所有的账单、自动付款记录、信用卡交易记录，那他会满意我们安排的花钱的先后顺序和为所花的钱的理由吗？相反，如果它们作为证明你是基督徒的记录，那么这些证据是使你讨神喜悦还是相反？值得思考的是我们的金钱观是什么，我们怎样分配所得到的供给？这些都是棘手的问题要我们有从神而来的智慧去面临。

如果我们的观点基于永恒，看看接下来的几百年中，重要的是什么呢？是最新的玩具或时尚玩意带来的暂时的、当下的满足感，还是永恒的来自于投入在福音传播及其使命、宣道支持、教会培育等方面所产生的对灵魂的不朽的影响?

对天国的投资是有回报的——永恒价值的回报。伟大的赞美诗《奇异恩典》中唱到:

"人生在世,已逾千年。

圣恩光芒照万丈!

齐聚吟颂,神之恩典。

从今万世永流传。"

这是一个很好的视角,多么美妙的永恒画卷。我们尘世的生命与世世代代相比,是如此短暂。我们只是一句私语、一团影子、一丝水汽、一个即将流逝的历史瞬间。

通常在做一件事的时候我们会比较要做事情的目的是什么,怎样做和做了后的回报,以及我们怎样开销、在哪投资,这些都反映出我们对于短暂的现实世界的理解。这实在是太不够了,我们应该从永恒的角度好好考虑我们的决定。

工作是为了赚钱,但供给来自上帝,是他给予我们,我们有责任将所收到的供给传播出去。我们要按照上帝的旨意和他自身的榜样变得慷慨:为了天国的扩展,首先对自己、对家庭,再对他人、穷人慷慨。在施舍和投入时,我们应当理智,用心决定施舍什么并乐于施舍,没有逼迫。所有这一切都是为了完成一个永恒的画卷,为使用并管理上帝的赐予而带来平衡和敬虔。

关键经文

"神能将各样的恩惠，多多地加给你们。使你们凡事常常充足，能多行各样善事。"（哥林多后书 9:8 NIV1984).

要点

· 你所有的一切都来自于上帝。

· 上帝为你提供工作，以工作实现供养。

· 金钱并没有什么不好。

· 利益是个好事情。

· 慷慨能平衡贪婪。

祷文

天父啊，我承认你是我的供应者，我所有的一切都是你的。你教我慷慨，让我睁开双眼，看见你在我周围所做的一切，扮演你想让我扮演的角色。感谢你用工作供养我、我的家庭、他人的需求。在你的帮助下我会忠诚的管理好你所给予我的一切。奉耶稣之名祷告，阿门。

第 3 章

成长

"我们众人既然敞着脸，得以看见主的荣光，好像从镜子里返照，就变成主的形状，荣上加荣，如同从主的灵变成的。"

（哥林多后书 3:18 NIV1984).

成长是任何事物由健康、正确的环境下促成的自然结果。本章，我们将探索上帝如何利用工作环境使你长大成熟。诗篇 139:16 中写到：*"我未成形的体质，你的眼早已看见了。你所定的日子，我尚未度一日（或作我被造的肢体尚未有其一），你都写在你的册上了。"*

如果主计划了每一天，我可以肯定其中包括了星期一直至星期五，我还猜测时间是从早晨 8:00 至下午 6:00。若真是这样的话，在我们工作时，上帝的计划也正在执行。如果你一直认为上帝对你的工作不感兴趣，考虑一下这种可能性吧——邀请他进入你的工作中，并看着他的意愿开始展现，如此，他将改变你和你周围的人。

品格

也许你没有这样想过，那就是相比较于你的成功，上帝更关注的是你的品格。尽管我们常常在不顺心的时候很想辞掉给予我们收入和生活保障的工作，但我们从中所获得的远远不只是金钱那么简单的事。是的，他关注我们的财政情况和基本生活，但是，一如既往，他对于我们总是有更高层次的目标。

如果神是为着我们，为什么我们时常发现自己处于艰难之中？在职场中尤其如此。我们花大量的时间工作——其中很多是枯燥而乏味的工作。生活常常是艰难的，通常情况下，这似乎是我们生活的写照。但是神自有一份任务表——这是一份充满他爱的表格。我们在他的计划里，他打算让我们的身量与品格都得以成长，从而越发他的形象。

你在工作中遇到过麻烦吗？这麻烦可能来自于难搞定的老板或同事。工作中确实会出现差错，为什么会这样？上帝会利用你的工作来促使你个人的转变，他向你施压是为了将你塑造成为他的样式。我们要学习认识到上帝之手既存在于谷底，也远在高山之顶。当我们在信仰中回应他时，对于他的所作所为和加诸我们身上的要求作出相应的回馈，那他改变我们的计划就能得以实现。

"我们众人既然敞着脸，得以看见主的荣光，好像从镜子里返照，就变成主的形状，荣上加荣，如同从主的灵变成的。"（哥林多后书 3:18 NLT）

我们要学会聆听和遵从心中那个温和沉静的声音。我们要靠近他，去聆听他在我们身处的环境中所说的话。我们更应该经常在信心中来宣告神对我们的应许。在我们信心软弱的时候，让我们记得我们必须在他的话里承认他的话语安定诸天，因为我们信赖他，并相信他的话一定成就。有时答案很快到来，但有时也要我们持之以恒——逐步忍耐并不断克服挑战。

我们对自身所处的环境所作出的回应，是神借着环境对我们进行塑造的开端。没有人会选择将自己置于压力之下，但没有压力又何以能打磨出闪亮的钻石？没有人想在火中试炼，但没有火，黄金就无法提炼。因为这是自然的也是超自然的规律。在我们面对考验和磨难时，只要我们服从于主，并对其作出恰当地回应，我们的生命就会结出永恒的果实。

当我们服从上帝，在面临艰难和困苦的考验时按照他希望的方式来回应，也许按着我们天然人的反应会不可避免的痛苦、愤懑与仇恨，但是神奇妙的作为会让这些负面的东西在神的手中被转变成为耐心、毅力和爱。

我们要意识到，他记住了我们最好的一面，并且他想要改造我们，以允许我们以日常生活中我们的一切所见所得去经历他。我们的工作场所是实现这个目的的最佳之处。因为对他来说，这样显然每天都有塑造我们的机会。

"约伯的弟兄，姐妹，和以先所认识的人都来见他，在他家里一同吃饭。又论到耶和华所降与他的一切灾祸，都为他悲伤安慰他。每人也送他一块银子和一个金环。"（约伯记 42:11）

这是一段令人深省的经文，因为它似乎暗示说是上帝在制造麻烦。我不确定这是否与我的神学理论——"信耶稣，则一切都会好起来"相违背。不幸的是，或许更确切地说，应该是幸运的是，神比我们所想象的神强大到我们无法猜测，强大到我们无法将其限定。我们可能学过"牛奶"这个词，也品尝过其味，所以懂得并了解了"牛奶"这个词，但经历神却更像品尝"西兰花"。对你来说，吃这种菜营养好，是非常有好处的，但品尝时的口感却不太让人喜爱。如果耶和华允许各种事情降临在我们身上。那么，什么事情需要服从和忍耐，什么事情需要毅力去克服，什么样的攻击需要回击，我们实在应当弄清楚其中的差异。

我们生活中第一位要负责任的对象是神。从他那里，我们获取了所有能力让我们能有效的工作。他是一切美好事物的来源。保护我们个人生活的虔诚是我们在生活的各个领域成功的至关重要的前提。在我们的世界里，与他的亲密关系会赋予我们能力和恩膏，让我们能高效地生活。当我们在阅读圣经和祈祷的时候，圣经和圣灵的结合所给予的启示，将极大地改变我们的生活。

我们一切向导和标准都在圣经里，就是这圣经，是我们的尺度和标准。当我们阅读它，并拥有了从圣灵而来的理解力，它就更快地走进我们的精神世界。这是唯一一本我们在阅读它的同时，它也在阅读我们的书。我再怎么强调每日虔诚地学习圣经的必要性都不为过，因为这样我们就可以了解神正在做什么，以及我们应该如何应对每天的状况和挑战。

为了理解到这一层，我们要维系与神之间的亲密关系，让他领导并指引我们。如果是天国授意，让我们历经苦难，那就好好学习并尽快顺服吧，这样会好过得多。通常，这些不利的局面是由我们自己的骄傲和固执或别人的问题所造成的。偶尔，我们会陷入糟糕透顶的局面之中。洞悉缘由很重要，但不管境况如何，当我们用神的方式寻求回应，他会将一切转化为他的目标和有利于我们的方向。一切皆是为了我们的益处，训练我们依赖他、听从他，最终变得更像他的儿子耶稣的式样。

我还有更多的挑战信息要告诉你：没有个人的转变就没有工作上的转型。如果我们领导一家公司或对一家公司能够施加任何程度的影响，这家公司就能反映出我们的为人。我们的性格、价值观、所鼓励的文化都将弥漫在我们的组织结构和日常运行里。文化来自于最高层，不管是好还是坏的文化。我们可以明确地表达所渴望的价值观，但企业文化是领悟出来的，并不是被教出来的。有一句很棒的意大利俗语是这样说的："鱼从头部开始腐烂。"多么正确啊！当你想要了解一个公司的企业文化，去和它的领导者谈一谈吧。

我在功能紊乱并陷入困局的公司身上花费了很多的时间。很多次，我都被任命去领导这些公司，并负责扭转它们的困境。通常，当公司无法进行正确地自我评估时，就会把责任归咎于员工。公司因为管理不善导致遗留问题时，员工就会被强加无能和不称职的称号，并为此付出代价。我发现，一个公司之所以会陷入困局，通常都是因为领导力的缺失。重建时，我总会首先观察位于顶层的团队。因为通常情况下，把公司带入困境的人都不可能是带领公司走出困境的好人选。

领导力的高度，就是公司的高度。约翰·麦克斯韦恰如其分地描述了五个级别的领导力，并高度支持一家公司只能上升到其领导的水准的观点。我完全同意这一观点。约翰·麦克斯韦还说："领导人变得强大，不是因为自身能力，而是因为他们能让他人变得强大的能力。"[6]

6 《5级领导力》，约翰 C. 麦克斯韦，2011，中心街。

这一法则适用于公司中的任何职位。我们都具有影响力和权威性。通常这不是因为你的地位，而是你与周围的人所持有的关系。地位、等级，和职位带给你的权力和个人的人格力量之间存在着很大的差异。我相信个人的力量会因服从于神的计划而受到锤炼，这最终会使个人自身的能力得到成长，给我们创造了职位所给予的权柄和机会及其影响力。如果你想增强影响力并增加机会，聆听上帝的声音，参与到他的计划中来吧。

纪律

神会提供让我们得到磨练的环境，通过我们对环境的反应使我们因服从他的意愿而得以成长，在他的恩典中得以转变。但这要求我们不仅仅是积极参与而已。我们要在生活中建立一定的纪律性，为神来打造我们的生命提供有效运作的平台。

在生活的方方面面，确保纪律严明、行事有效是我们的责任。那些日常生活的看似枯燥乏味的例行常规才是为我们成长所铺设的强大平台。我们常常寻找果实，但是却没有花时间播种与灌溉。如果我们已准备好土地，播种、浇灌并提供养料，在它幼小的时候保护它，花时间照料、修剪、关注这颗树，那么自然会收获果实。

你无法直接从一粒种子得到果实，这需要时间和努力。

纪律是我们生活中如此重要的一部分。没有纪律，不出所料，我们将成为难以控制的人。假如我们要在人生中发挥我们该有的作用，最重要的前提条件就是我们要在生活的各个方面保持平衡，将底线和常规行为划分清楚。

我们每个个体都是由身体、思维和心灵组成的，但有时这样的划分也许是过于精密，有时也许是

过于简单了。尽管我们分开描述这些不同的部分，但我们仍然是一个整体，这些部分是相互影响、相互关联的。如果我们的身体没有好好的养育、锻炼，我们的思维就会受到影响；一旦思想受到影响，心灵也会受到影响；反之亦然。

疾病是身心失调。如果我们感到沮丧，思维就不会很好的发挥作用。如果我们不加以锻炼，我们就会感到沮丧，不再对生命有热情。所有这些因素都为了我们的存在而互相发挥作用，我们是一个整体。所以非常值得花时间看一看我们需要使其发挥有效作用的基础。

祷告

神在我们每个人的内心里都种下了与他亲密同行的渴望。工作压力更应该成为我们定期祈祷，学习圣经的动力。遇到麻烦时呼唤上帝是人类的本性，散兵坑里没有无神论者，当我们面对压力，我们会寻求帮助。如果我们打造一个定时祷告和沉思的平台，我们就会有一个稳定的基石。我们的祷告的确能够成为一种双向

对话——一种在熟悉和亲密的基础上的值得信赖的关系。通常神总是提前将我们所需要的答案告知我们。

我有一个好朋友，他比我更自律。他总是起得很早，真的非常早。我必须承认，我不是一个早起的人。我鼓励他在我起床前为我祷告。听说在一个早晨，当他在公园里散步，正在虔诚的祷告时遇到了警察。他赞美主的声音实在有点儿太大了，因而被人报警认为可能是个宗教狂热分子，当然，他确实是。他与表示理解却有点困惑的警察还有一段有趣的对话。

我们各不相同，以不同的方式被主创造，但是，我们都有责任花时间来与主用适应我们的方式单独相处。这应该是一段感恩、聆听天堂的呼唤、将心灵与上帝及他的意愿相契合的时间。

我们每日与神的同行都是我们持续与神对话的时机，需要保持密切的关系。上帝对我们工作中所有的一切都很感兴趣，祷告可以释放他的智慧和祝福。花时间祷告确实可以使我们将心灵所得运用在实际的工作中，为生活给予正面影响。坚持这样，你可能会对结果感到震惊。只要我们请求，上帝就会来到我们身边。雅各书 4:2 中说："你们得不着，是因为你们不求。"

圣经

阅读圣经是另一门基础训练，可以塑造我们的为人，使我们有效地执行人生目标，特别在工作方面。在耶稣的所有追随者中，定期学习圣经的人具有领先的地位。这是上帝写给我们的充满爱的书信，也是唯一一本在我们阅读它时，它也在阅读我们的书。

希伯来书 4:12 中说："神的道是活泼的，是有功效的，比一切两刃的剑更快，甚至魂与灵，骨节与骨髓，都能刺入剖开，连心中的思念和主意，都能辨明。"

在圣灵的引导下带着聆听的心灵和期待去阅读圣经，是一种改变人生的练习。我在阅读的时候，总是向上帝请求在我阅读圣经时将他的真理启示给我。当我在阅读时被一些特别的经文所引导或者震撼时，我知道这是神借此对我说话，于是我会认真学习其中的话。我们的上帝不是虚无缥缈的，他是很实际的，他借着我们读他话语的机会来告知我们问题的解决方案。我们要将所听见的付诸于实践，重要的不在于感受，而在于领悟后的行为。

"惟有详细察看那全备使人自由之律法的，并且时常如此，这人既不是听了就忘，乃是实在行出来，就在他所行的事上必然得福。"

（雅各书 1:25 NIV1984）

我将每晚阅读一章圣经视为理所应当的事，我发现那样会给我带来巨大的安慰，并提升我到更高的层次。神的话在我入睡前会萦绕在我心头让我的心专注于他。其他人，如我之前提到的那个朋友早起祷告的朋友，他是早上读。无论早晚，适合自己就好。要记住一个有价值的警告——早起的鸟儿有虫吃。无论何时，实践就会有能力，让你在困难中站立得稳。

一次我在日本出差，当东京发生一场巨大的地震时，我正好身处其中，在随之而来向北继续推进的海啸中我幸免于难。当我最终来到了封锁中的机场时，仍在经历不断的余震。我坐下，拿出圣经，像往常一样阅读了一章，正好读到《启示录》16 章，其中恰恰就描述了巨大的地震。

"又有闪电，声音，雷轰，大地震，自从地上有人以来，没有这样大这样利害的地震。"（启示录 16:18 – 19）

当我阅读的时候，整个地面几乎都在晃动。这是一段我永远不会忘记的圣经学习。它使我有这样的领悟，我们仍然活在恩典时代，人们有被原谅并悔改的机会。然而，时间是短暂的，有一天这个世界将结束，不会再有时间让你与上帝合作，审判之日即将到来。

我们讨论了一些关于祷告的事，我确信你理解了阅读与学习圣经的必要性。但是，在仅仅是阅读圣经并例行公事般地祷告，以及和主保持亲密关系，这两者之间有天大的不同。一种是出于责任感或需求，另一种则出于对天父真心的爱与渴望。亲密催生亲密，这是一条双向的定律。我们与神在一起的时间越多，我们与神的关系就会变得越加亲密。

所有训练的目的都是为了出成果而奠定基石。这样看来，祷告和学习圣经都是为了使我们与神有更为亲密的关系。据说世界上最遥远的距离是在头脑至心灵之间，这是多么贴切啊！

最终，我们要在日复一日的聆听主的地方，与耶稣亲密同行。神与我们同在并不局限于安静的时刻，更在于时时刻刻的修炼。我们保持练习，时刻与上帝保持亲密的同行，才是我们的最终目标，才会达到最好的效果。

健康

这是强劲训练基础的另一方面，虽然这看起来并非心灵层面。从希腊逻辑哲学遗产里我们认为思想和精神境界似乎高于我们的肉体，如果我们想要有效地为上帝做工，就要好好照顾我们的身体。因为我们的神自己是道成肉身来到人间的。过度关注精神层面的话，我们就可能忘记上帝给予了我们需要照料的身体，圣经明明说我们的身体是圣灵的驻所。我们应当切记不要增加它的负荷，也不能允许它因年久失修而崩溃。有这样的说法，健康的心智寓于健康的身体之中，反之亦然。

"岂不知你们的身子就是圣灵的殿吗？这圣灵是从神而来，住在你们里头的。并且你们不是自己的人。因为你们是重价买来的。所以要在你们的身子上荣耀神。"（哥林多前书 6:19 – 20)

我肯定你开始阅读本书时，不会想到我会提出关于食物的建议。我总归不是营养学的专家，然而，事实是很简单的，能使我们有效工作，并让我们成为我们被神所创造的极致，爱惜身体这规律既简单又实用。神的健康规则不止是针对思想和心灵，同样也还针对肉体。

我学会的最基本的精神准则之一是"种瓜得瓜，种豆得豆"。这是非常简单的概念，又包含丰富的精神内涵。吸取恰当的养分能使身体保持最佳状态。健康的生活方式、良好的食物、适当的运动，还有工作与生活之间合理的平衡，不仅能够使我们长寿，还能给我们在职场上彰显神的荣耀提供坚实的基础。

我们都知道这些最基本的道理，市场上每年却有数十亿美元的商机在有关减肥的书里。为什么？因为我们都在寻找权宜之计，尽管基本的道理我们都懂，只不过是卡路里的进出问题。如果我们吃太多，又久坐不动，体重就会增加，变得臃肿。这会导致我们的信仰软弱和工作效率变得低下。

神关注我们的身体，因为正是他创造了它们。他知道我们的身体该怎样运转、身体每部分的特别效用，每个人的个体需求。如果维护身体是你苦苦挣扎的领域，不要感到惭愧，请求上帝帮你建立自律，确保你过着长期健康平衡的生活，是你在生命中神为你所计划和安排的。达成一切他要求你完成的事。很多人没有实现他们所向往的目标，是因为在这个经常被忽略的领域里，他们无法自律。

基本的规则很简单，不要吃精制、过度加工的食品，这些食物中有太多的饱和脂肪和太多的糖。多吃优质的蛋白质，保持碳水化合物的平衡，多吃水果和蔬菜对你有好处，多喝水。我发现吃东西适可而止会带来良好的平衡。恰到好处的分量和食物种类的选择都的确有益。如果你在这方面需要帮助，别害怕询问。如果你距离理想的境界太远，只要不放弃，不停地往正确方向再近一步，不藐视每一个小小的改变，回到神计划好的领域往前走吧。

如果我谈到了食物和健康，就不得不谈一谈健身。我们似乎分化成了不同的阵营：要么受狂热的驱使变得极尽所能地成为肌肉型人才，要么禁食，饿的心发慌。这的确需要平衡。再者，虽然我不是专家，但我确实懂得健康的体魄需要定期锻炼。

我们都过着忙碌的生活，建立定期运动的习惯是一项挑战。

然而，运动是维持健康必不可少的一部分，只有这样，神要求我们做的事我们才能做好。再听我说一次，我的动机不是激发人们的负疚感，而是挑战你在人生奠定一个基础，这个基础不止能够带来平衡的生活方式，祝福你自己，还能使你在神的国度中发挥更大的效力。

如果我们要为神的良善做见证，我们也要看重我们的身体健康。这并非屈从于浅薄、市侩、错误的西方理想主义，而是一种承诺和感恩，因为上帝是我们思想、意愿和灵魂的救世主，他也同样是我们身体的救主。

整个健康领域是个巨大的产业。我们被选择和知识宠坏了，我们明明知道要做什么，但是我们不去做而是不停地买健康方面的书籍、看 DVD、签下健身房的会员卡，或积攒其他健康设施，最后还是一事无成。运用所有的已知的知识，执行并实施才会有回报。

我不是运动迷，相信我吧，但我确实认识到经常锻炼的必要性。如果你今天设法花 20 分钟锻炼，任务就完成了。如果你能结合做一些心血管运动和强度不大的肌肉运动，就完全足够了。哪怕是一周三次、每次 30 分钟的运动，就算没有提升，也足以保持你的健康水平。

当你照顾好身体，吃正确的食物，定期做运动，你的感觉会好很多。你的思维会更加敏锐而忙碌，你的人际关系会更有效，自信心也会增强。

将这些事情安排成为在你人生中有组织、有纪律能坚持的流程，这将为你的心灵成长奠定真正的基础。做这些事本身也是向主敬拜的行为。如果我们的身体是圣灵的驻所，那么维护和监管好身体就是在敬拜神。

团契生活

到目前为止，我们所谈论的，帮助你在工作中成长的基本方面都是基于你作为一个个体，但是其他人呢？友谊是多么有趣的名词。这个单词似乎来自于不同的时代，这个嵌上旧世界烙印的单词实际上有强大的力量。我们生活在标榜个体的社会。当今时代，我们的团体意识已经极大地被淡化了，但与他人的链接是任何人生命中如此重要的一部分。个体只有在团体里才能真正的完整。我们被神设计和创造的初衷不是要我们孤独。正如《创世纪》2:18里说："*耶和华神说，那人独居不好。*"

我想重申我对于教会的立场。这是因为有很多关于职场侍奉和地方教会侍奉的误解。我可以毫不含糊地说，我是地方教会坚定的支持者。我看见地方教会的运行方式正在发生改变，以基督为中心的人生是所有信仰基督的人生命中的最重要层面。

我们被鼓励并被教会装备来准备与耶稣有生命交流的人相遇，孤独行走天路是危险的，在一起我们可以共同学习和成长，共同侍奉，共同聆听教导我们神的话语对我们灵魂承担责任的人，通常是牧师或我们的属灵带头人，这也是一个彼此服务、共同分享的机会，这就是团契这个词语的根本涵义。

圣经《以弗所书》4：11-12中说的很清楚，牧师和教师的角色是准备好圣徒来服务他人："他所赐的有使徒，有先知，有传福音的，有牧师和教师。为要成全圣徒，各尽其职，建立基督的身体。"

这圣徒就是我们——普通的信徒，教堂座位上的聆听者，是被教导、被鼓励、准备侍奉的一方，我们有责任回应并有效地为主做工，完成他的托付。

以上刚提到过的圣经所说的教会的五重职分不是要由五倍数量的牧师来做。而是他们训练，我们服务。我们在商界、职场、学校和每一个上帝为我们选定的地方通过服务人来服务神。在这过程中，作为基督在地上的身体，我们每一个个体共同合作，建造教会的合一，并最终在基督里面合为成熟的一体。

迈克尔·贝尔（Michael Baer）是《企业的使命》这本书的作者。我有幸在澳大利亚悉尼的 Cre8 会议中，听到他演讲，当时我是会议的主持人。他作了一个精彩的有关橄榄球比赛的比喻，这项被我们称为美式足球的运动已经本地化了。他巧妙地将教会形容为一场比赛："场上的 30 个人迫切想要休息，场下的 50000 人迫切想要上场。"多么精彩的画面啊——虽然有点不幸地是——这描述的是我们身在教会的人们。

不要因一些人关于教会萎缩的谈论而泄气，在地方教会被冷落的地方，我们可以重新合力建造新的模式。这并非是在职场侍奉和教会侍奉上"两者选其一"，而是"两者皆有"。确实，地方教会不要那么保守；而且我们要更改原来地方教会的传统模式，让人们在教堂之外同样可以肩负使命并传道。但是我们不要过激，如同给婴儿洗完澡后将婴儿连同洗澡水一起倒掉，教会是基督徒走天路至关重要的部分，而且永远都是。

圣经《希伯来书》10:24 – 25 里说："*又要彼此相顾，激发爱心，勉励行善。你们不可停止聚会，好像那些停止惯了的人，倒要彼此劝勉。既知道（原文作看见）那日子临近，就更当如此。*"

基督徒不是孤立的，尽管我们有些人想要这样。上帝将我们放在我们与其他人能够互相影响的地方，这是我们未来团结的力量所在，我们在紧密联系中发挥效力。让我们团结一致，为了共同的目标和身份而努力吧。星期天是在一起共同礼拜的绝佳机会，我们聆听讲道，逐渐建立与他人的友谊，互相在神的爱中勉励，然后预备好在周一重新回到职场活出我们的信仰。

责任

基督徒聚会的一个重要的原因是激发彼此的责任感。作为个体，我们不仅面临欺骗，还有被诱惑的风险。在生活中，能为我们承担责任的人是一道安全防护网，确保我们在压力下仍能在身边支持我们。这种责任不止是为了保护我们，还为了使我们成长。很少有人愿意停下来谈及我们的生活，鼓励我们，使我们进步，不害怕说出他们的所想，在必要的时候愿意纠正我们，有这样一些人在生命中与我们同行是一种福气。

我鼓励你寻找一些人——无需太多，哪怕只有几位——与你分享生命的旅程。我的一生中就有这样一些人陪伴在我身边，在他们面前，我是坦率而透明的。《箴言》27:17 中说："铁磨铁，磨出刀来。朋友相感，也是如此。"确实如此，人生中有我谈及他人生活的时侯，也有他人谈及我的生活的时候。

我们有一个非常真实的敌人，我们很容易被他扰乱和欺骗。他能够在我们软弱时攻击我们，难道我们给他机会来危害我们吗？远离社会责任的孤立个体是脆弱的，虽然我们有信心保持与上帝同在的关系，有信心过正常的生活，但是有他人来与我们探讨和鼓励分享我们人生的生活更加健康。我们都有盲点，被称为盲点的原因是：我们看不见它们。对自己也对他人有担当是一种谦卑，我们都需要它，不管我们是否承认。

"主人叫他来，对他说，我听见你这事怎么样呢？把你所经管的交代明白。因你不能再作我的管家。"(Luke 16:2)

上帝要我们负责任，这是一种属灵原则，我们只要专注努力就会很好的承担责任。认真、明智地挑选可以与你分担责任的人吧，要求告上帝带这些人进入你的人生。

工作 / 生活融合

我常常被问到这个问题：你怎样应付所要做的一切事？我曾在相当大的公司里任职 CEO 和总经理，在很多非盈利的董事会和商业委员会里承担董事职责，积极参与在我从事的行业里的领导职分。在家里，我的生活很忙碌，所幸我拥有一个完美的妻子和三个好孩子。为了我的"呼召在职场"事工，我写作、演讲，极度活跃于博客和其它社交媒体之中。在其余时间，我还做许多其他事情。

71

我想总结的是，对于工作与生活的平衡，我并不是不熟悉这个挑战。人生忙碌而充满挑战，要保持优先次序和原则，并满足我们一直变化的需求总会是我们面临的难题。

那么，我们如何处理这个问题呢？我们怎样顾及所有要做的事，又能在生活中各个方面保持平衡呢？答案并不简单，但我找到了一些能够有效处理并完成我们所关注的各种事情的原则。

当太多的压力从各处袭来时，试图在生活中寻找平衡几乎不可能。在很多方面，"平衡"这个词可能不是正确的措辞。确实，对于生活中一切相互竞争的因素，我们必须判断该优先处理哪一个，但往往调和与平衡是相互矛盾的选择。在当今世界，我们所拥有的24小时通信技术——在几年前还只不过是个梦想——现在却是很多商业角色中可以达成的，没有比平衡更好的选择了。

比如，为什么不可以在星期三的2点钟先去参加孩子的游戏或体育比赛呢，或许在当晚的8点钟你可以发几封电子邮件到欧洲或亚洲来捡回下午的工作时间。平衡的概念对于我而言，与其说是一个严格的时间分配，不如说是一种优先的意识。计划时间，严格遵循日程表能够大大的提高你的效率。这是考虑问题、分配所需资源的关键所在。

异象

在试图解决竞争优先次序的问题时，从基础着手很重要。你想要什么？对你而言什么最重要？你有人生的异象吗？有燃烧的雄心和激情驱使你向某个目标前进吗？为了达成目标你愿意放弃什么？你相信上帝对你的人生作出了什么安排吗？

这些让生命成型的问题需要摆在上帝的面前。对于你的人生，他自有计划和目标。许多善意的、敬畏上帝的人由于偏执于他们的精神需求，误入歧途，失去了他们的婚姻。同样的情况也存在于商业领域，那儿的人们如此痴迷于金钱上的成功，最终离开了家庭，付出了巨大代价。所以我再次发问：你想要什么？你真正想要的是什么？

花点时间坐下来，与那些对你来说很重要的人探讨人生的蓝图。当你为人生设置方向和雄心时，你所拥有的资源配置的优先顺序，包括时间和事物的重点，都是你所有需要考量的重要因素。

我可以从自己的人生中举个小例子给你听吗？我经常被很多机构邀请参加演讲、咨询和服务，而事先确定可服务的时间，需要多久的演讲或写作是很重要的。如果我没有安排好计划，没有一个有效的机制来帮助我计划并完成它们，我很容易会做过了头而无法展现最好的自己。

举个例子，例如，我决定在一个商业公司、两个非盈利机构、一个行业的管理委员会做董事。我相信这将会使我的贡献最大化。这也满足我的一些职业抱负，并确保我不仅有时间运用这些能力提供优质的服务，而且不用承诺太多以致难以完成并且使我在生活其他方面失衡。

当你考虑优先顺序的时候，看一看你所参与的各项事务是否是重要的。如果你有妻子或丈夫，你要为她／他服务，珍惜她／他，与她／他共度时光，支持、鼓励并照顾她／他。如果你有孩子，同样，在上帝面前你的职责是抚养和教导。

职场上的侍奉显然也很重要——也许比你想象的更为重要——希望在你读完本书时，你会看见真正的需求与如何侍奉。我们也可以说在职场的侍奉就是对你所处的地方教会的服务的部分，但是我们都有责任在当地教会委身，因为都是这个集体的一部分，我们当为集体的共同成长作出贡献。

也许你还参与了其它事情——其它让你充满热情的领域，其它在你心中上帝所给予你的渴望，以帮助你更好地做工。上帝说他给了我们心中的渴望 (Ps.37:4)。通常它在那里，因为是主将它们安置在我们心中，正如他使我们独一无二，我们的人生中也有独一无二的地方要填满，那需要具有独特的天赋和能力。

鉴于人生中这些不同竞争领域，我们通常很难设置优先顺序，按照最重要的顺序列出清单往往十分困难。设置优先级并不意味着排斥一件事情，而接受另一件，往往是囊括了所有事情，但却为每件事设置了不同的进展速度。比如你的某项业余爱好不一定要马上去致力将其发展到专业级，而是给一定时间慢慢来。

工作中的侍奉可能会成为更优先的事情，因你相信这是上帝所指派的，是你人生中重要的一部分。获得这种清醒认识相当重要，尽管由于不同时期的不同要求需要不断的调整，一个清晰的路线图和时间的分配是很重要的；时间的分配应与优先顺序相称。

在我努力使我的生活采用这样的架构，意味着要放开很多事情，但我发现，这意味着我可以在这些重要的领域发挥更多的效力。理解上帝的优先顺序和他的意愿是建立一个平衡人生的先决条件。

如果你不确定该怎样聆听上帝，我们稍后将讨论。有疑问的时候，如果你不确定他在说什么，运用最佳的判断能力，必要时允许他纠正并重新校准。

所有这一切都是相互关联的。我的员工中，最多产的人是那些在工作之余有着良好人际关系和兴趣爱好，并且不会加班工作的人。长时间的工作等同于高产能这一谬误早就不合时宜了。

在商业领域，具有清晰的战略是非常重要的，而这总是与清晰的异象相互联系。异象是你未来希望达到的位置，因为它关系到职场，因而总体上也就与我们的生活息息相关。

就我个人而言，我就是这么做的。我定了三年期的异象和一年期的，它们都是以十个重要阶段为基础的。它们反映了我生活中的全部，从家庭到职场，涉及到了方方面面，而它们的优先顺序是按照变化的速度或目标的顺序和提升排列。

这些十年、一年的目标被分解为为期 90 天的步骤——接下来的 90 天。生活与工作中重要事情的变化是如此之快，当然，我们要确保我们的战略方向是可以反复查看的。不过，结构合理的计划需要注明关于各关键阶段的清晰、明确和可衡量的目标以及其附带的相关责任，这样的计划就能够确保一个平衡、高效并多产的战略方向。

界限

学会说"不"可以说是世间最困难的事情之一，但它却是一项我们必须学习的重要技能。我们的天性里有那么些东西，让我们总想说"好"而不愿意得罪别人。这是一个很好的品质，但也会带来不少麻烦。我给你说一句至理名言，我不记得是在哪里听说的，但当时我就立刻同意了这一观点："需求并不等同于呼唤。"虽然有些事情是需要去完成，但并不意味着必须是你去做这件事。往往在你说"好"的时候，也许你正好无意间夺去了别人可以参与的机会。往往人们会站在一边，假定你会站出来，如果你不做，别人可能就会去做的。

如果你明白你的限度，明白你的优先级，已致力于执行计划，拥有恰当的架构去分配资源和时间，那么你就可以自信而礼貌的说"不"，因为你知道这对你、你的家庭以及你在各个不同的影响领域里需要照顾的人来说是最好的结果。正如《马太福音》5:37中所说："*你们的话，是，就说是，不是，就说不是。若再多说，就是出于那恶者。（或作是从恶里出来的）。*"

当你拥有了清晰的异象、明确的目标、清楚的战略和条理分明的体系，你就能看见你的人生在上帝指定你服务的领域中大放异彩。说"不"不仅仅是保护你已获得的，并将持续为你带来丰盛的人生。

天赋

我们所拥有的一切天赋都来自于神。我们每个人都是独一无二的，因此有独一无二的职责要去完成。没有人能代替我们，去做我们所应当做的，去贡献我们所贡献的或者去发挥和我们一样的影响力。这就是为什么做自己才是成功的关键。不要戴面具，永远做真实的自己吧。作为领导者，你的软弱你的真相都是被允许的。我们真诚的时候是最能发挥效力的时候。

我们的个体定位具有独特的影响力。我们的体格、个性以及所有将我们和他人区别开来的事物，都将助我们成功完成上帝要求我们所做的事情。我们越接近神希望我们成为的样子，我们就越能发挥效力，并且更高效也更能体会人生的满足感。

我们也许花了很多时间去羡慕别人，想要拥有他们的天赋——我们每个人心中都存在这样的倾向，渴望做一些与众不同的事，或是羡慕别人获得的天赋与才能。现实中，我们应该欣然接受上帝将我们打造成的样子。这样的心态才能带来全然的知足——从这个角度来说，就是知足常乐。因为成为我们想要成为的个体的前提是成为我们能够成为的样子。做自己，允许神将你塑造成为你能够成为的最佳，才是一个有能量的人生，是神所赋予的人生，是实现神的目标而过的鲜活的人生。

耐心

通过职场中的挑战和磨砺所学到的其中一课就是耐心。给我耐心，现在就给我吧！《加拉太书》5:22 告诉我们，耐心是圣灵的果实：*"圣灵所结的果子，就是仁爱，喜乐，和平，忍耐，恩慈，良善，信实。"*

所以，怎样让它进入我们的生命中呢？我相信是神的缘故，因神在我们的心中。但要充分的体现出来，必须加以运用。这一切确实是圣灵的果实。在职场中，当我们将自己交付于主，它们才能成长。一棵树只有成熟才有果实，不劳而获只能在不成熟的树上被找到。我们可以凭借果实来判断人。《马太福音》7:17中说:"这样，凡好树都结好果子，惟独坏树结坏果子。"当我们面对并克服考验时，我们会建立耐心、毅力和信仰。但是当圣灵挑战并改变我们的时候，我们要认识到是神借着这些带给我们在他帮助下的成长。

"祸福不都出于至高者的口吗？"（耶利米哀歌 3:38）

这是另外一个来自于神，关于萧条时期的单词，我不确定我是否愿意面临这个说法，在我们的意识中总是以为慈爱的天父不允许灾祸这样的事情发生。但他的方式并非我们的方式，他的想法也并非我们的想法。他的思维久远，我们都太容易关注于现世。

我们顺从神不仅是邀请他到来，还要期望他是我们当下的现实的主，不论面对好事还是坏事。但我们不要忘记在这之后的人生——与他一起的未来，迎接天堂，远离地狱。他免费的赠予是永恒的人生，为了这个他舍弃他爱子的生命。他对我们的爱是亲密且无限的，在艰难时期我们才能真正学会信任。

毅力

严谨的生活，花时间向神祈祷，阅读圣经所得来的成果会是一种坚持的能力；这超出了正常人类的理解范围。这是一种神圣的毅力；一种忍耐的能力；一种能够在圣灵的力量中取得突破的潜力。

现代职场有很多需求，我们试图在复杂而忙碌的生活中进行平衡与融合。当健康、家庭、朋友、与上帝在一起，这所有的一切，在忙碌的日程表上互相竞争时，务必要设置优先顺序，并划清界限。《歌罗西书》3：23 中，我们都被要求在工作和生活中要有这样的态度：*"无论作什么，都要从心里作，像是给主作的，不是给人作的。"*

毅力往往不是忍受短暂的考验，而是处理日常事务——简单的、日复一日的苦差事，有时使我们疲惫不堪。枯燥乏味的事会带给你什么？我们都会面对那些并不期待的任务——想要规避的任务。但是正是通过这些似乎不起眼的事情，我们信仰的真实价值才展现得更彻底。

当我们带着爱去完成一件事的时候，神的同在常与我们一起，我们的信仰也常在小事上展现而非体现在壮观的场面中。

从荣耀走向更加荣耀

理所当然地，耶稣是曾出现过的最有效力最完美的基督徒。听起来好像挺奇怪，但的确是这样，某种程度上可以这么说。他是侍奉并追随上帝的完整体现。他确实是神，是的，但他也确实是人。他证明了如何追随上帝，那就是不做只是出于自身的神性的事，而是在圣灵的恩膏下做工。他只做他所看见的天父在做的事。

"耶稣对他们说，我实实在在地告诉你们，子凭着自己不能作什么，惟有看见父所作的，子才能作。父所作的事，子也照样作。"（约翰福音 5:19 NIV1984)

我们也一样，我们要依靠圣灵的力量和天父的指引，使神要我们所做的工发挥最佳效力。

我们与主同行的目的之一是让他改造我们，使我们更像耶稣。我们离上帝越近，就愈加意识到我们离他有多远。但在他的国度发挥效力——是真正有效的——我们要让圣灵训练我们，改变我们，转化我们为他的形象。这并非对自我的否认，而是允许神将我们变为我们能够成为的最好。

我们已认识并接受了基本的真理，因此我们可以被改变，主会使用我们的工作去改造我们，这正是向着他所渴望的目的地蹒跚前进。

"我们众人既然敞着脸，得以看见主的荣光，好像从镜子里返照，就变成主的形状，荣上加荣，如同从主的灵变成的。"（哥林多后书 3:18 NIV1984）

我们以神的荣耀为荣，得以改变为耶稣基督的形象。我们有很长的路要走。我只能代表我自己，沿着轨迹，你可能也要走很长的路。当我们以信仰回应他所做的，要求我们做的，他的荣光正在改变我们，使我们变成他的形象。我们要学习聆听并关注那个安静的声音，那是圣灵温柔的暗示。

据说神是一个最有力而又最温柔的绅士，只会去我们允许他去的地方，在那里我们自由地放弃生活的地盘，得到他的影响力。这完全真实，但我发现他有时敲打我，将我置于别无选择、只能屈服的境地，我将这视为一种他给予我的特别眷顾。有时我们缓慢地向他投降，几乎无法理解神为达成我们人生目标的渴望。

我们将会看到神与一个完全服从于圣灵的人能做什么，那就是神利用职场改变、塑造我们，并将我们打造成最好的自己，激发我们的潜能。当我们服从主的意愿和目标，他的成果将会显现。是时候开始行动的时候了，将我们的人生交付于主，在一切他要求我们所做的事中发挥效力，在职场中为天父做工。

关键经文

"我们众人既然敞着脸，得以看见主的荣光，好像从镜子里返照，就变成主的形状，荣上加荣，如同从主的灵变成的。"

要点

- 上帝利用工作改造我们成为他的形象。
- 上帝重点关注个性，而非繁荣。
- 纪律是成长的基础。
- 服从是善意的行为。
- 压力产生耐心和毅力。

祷文

主啊，我是你的，供你所用；将我改造为你的样子吧，阿门。

第 4 章

用心服侍

"在这几样上服事基督的，就为神所喜悦，又为人所称许。"

（罗马书 14:18）

耶稣应当是服侍的最佳范例。他之来，并不是要受人的服事，乃是要服事人。他呈现了一种自我牺牲的生活，还有真诚、无可争辩的服侍。没有任何工作能媲美基督的所作所为和服侍——最能体现这一点的，当是他心甘情愿走下神坛，以常人之姿来服侍他人。

"你们当以耶稣基督的心为心。他本有神的形象，不以自己与神同等为强夺的，反倒虚己，取了奴仆的形象，成为人的样式。"

（腓立比书 2：5-7）

你即便拥有万千才智，天资聪颖，若你没有学会如何服侍，最终你必将失败。你将会对自己或者所引导的人造成伤害，甚至有可能是害人害己。长寿源于性格，性格源于仆人的胸襟及紧紧追随耶稣的足迹。因此，在我们工作所处的残酷、艰难的商业环境中，这又将是如何一副光景呢？神通过保罗在《腓立比书》2:3-4中提到：*"凡事不可结党，不可贪图虚浮的荣耀。只要存心谦卑，各人看别人比自己强。各人不要单顾自己的事，也要顾别人的事。"*

这样的教导一定不受现时价值的欢迎。

这句经文虽简单，却蕴藏着改变生命的力量——我们都被诱惑，去贪慕虚荣，从而美化自我并小心翼翼地保护自我——这不是我们该过的生活，唯有上帝，能改变我们的心来更好地去映射他的心。——此经文值得我们用一生去回味。

不过，我们不得把服侍以及谦卑与作他人的出气筒混为一谈。我们已经淡化了谦和的概念。我们将其等价为懦弱。谦和是位居高位，却依旧选择服侍。这是一种神所赋予也是神给予力量的定位。

那么，什么是服侍？通常，当我们听到服侍这个词的时候，我们就会认为是在贬低我们自己的地位。为了更好的服侍，我们需要理解我们在耶稣心中的形象。的确，这也不全是以我们为中心，更不是以我为中心。而是在立足于充分的自尊自爱的基础之上，我们才能做好。

一旦我们有了全面的认知，知晓我们深受我主喜爱、宠幸，并对我主意义重大，我们就可以依仗我主的保证，并认识到我们在主心中的价值，我们才能全心全意地服侍——并非因我们觉得我们是重要的或是出于某种义务，而是因感激我主的爱及我主的赐予而服侍。

领导力

仆人式领导力的概念由来已久。同样，耶稣也是仆人式领导的最佳典范。伴随领导力而来的是责任。领导力的赋予，并不是为了使我们得以统治处于我们影响范畴内的人。

领导力关乎的是服侍。它关乎的是开创一种视野、环境和文化，以让我们身边的人得以发展、成长，并发挥出他们一切的潜能。将人们置于神赋予他的既定位置，使其得以尽情发挥出自身所拥有的才能，这就是仆人式领导力的终极目标。

关于影响力，我们都有一个衡量标准。生活中，总存在一片特定区域，是由我们所领导。约翰·麦克斯韦尔（John Maxwell）在其著作《360度全方位领导力》（The 360 Degree Leader）中恰如其分地对此作出了解释——你如何能居自身之位来进行领导，不论你在公司中所处于什么位置。一般而言，一个公司真正的领导并不是那些坐在角落的办公室里或者有着花哨的头衔的人，他们更有可能是拥有非职权所赋予的影响力和个人魅力的人。

忠诚

我主号召，不管我们是否是领导，都应忠诚。忠诚听上去像是带着古雅、过时的特征，但它是伟大领导力的决定性特征。它的具体形式就是将尊重人，爱护人放在第一位。

当其他的特征消失殆尽时，忠诚依然坚守在此。它在眼见为实之前就心怀信任。它希望当我们毫无希望，处于逆境时仍然心怀信任，并相信我们伟大的救主和无所不能的上帝。

当我们提到服侍这个词的时候，通常会将其与懦弱混为一谈，就好比温文尔雅极少会被人看做是领导特性一样。因为，通常而言，温文尔雅也会与懦弱相关。真正的温文尔雅并非所谓的懦弱，而是源自于尊与去尊重。它源自于认识到大声吼叫或暴跳如雷或者没有必要的过分严肃，这些作为并不见得会增加效率。

"你们作仆人的，凡事要存敬畏的心顺服主人。不但顺服那善良温和的，就是那乖僻的也要顺服。"《彼得前书》2:18

总有些时候，我们必须向严苛的人汇报或者商讨一些事情。他们有可能是公司股东、董事长、经理、投资人、供应商或顾客。我们的公司股东和掌权者中，总有些人是严苛的。对此，我们不可避免，这也是我们的职场生活和日常生活中的一部分。

当我们发现自己处于这种境遇时，我们应该做出何种反应？服从。在当今社会，这也不算是一个让人乐于接受的词和概念。但是，《圣经》中说得非常清楚。也许只是我们的个人骄傲才使我们拒绝服从他人，或者我们就没有完全理解这个词的含义。我们并不是受气包。耶稣基督从来也不是所谓的受气包，但是不管人们怎样接受和认知他，他都以一种谦卑的态度心甘情愿地服侍。

服侍善良的人非常容易，但是神在发展我们的品格的过程中，我们有时候需要面临服侍一些乖僻、忘恩负义及我们鄙视的人。这就要求我们要转变心态，顺从并时刻牢记忠诚，在我们所处的位置尽职服侍他人。

我们必须明白神的思维方式与我们的大相径庭。为了在天国发挥自己的作用，我们真的要学会如何尽职尽责、心甘情愿地服侍，完成神的旨意而非我们自己的旨意。

真诚

很多人在开展业务、发展事业及工作场所犯的最大的错误就是形成了一种错误观点，认为我们必须通过特殊途径来获取成功。事实上，如果在神的计划和旨意范围内，我们只要保持自然、真实和真诚就最好不过了。

神号召我们保持自我——你就是你，我就是我。我们越接近上帝塑造的形象，就会越有用。他赋予了我们特殊的才能。我们每个人都是独一无二的，我们拥有独一无二的职位。没有人能做我们所做的，也没有人能创造我们所创造的，或是拥有我们所拥有的影响力。这也就是为何做真实的自我是成功的关键。我们应该真诚，不需要戴任何面具。

作为一个领导，你不必要一定要隐藏你的脆弱、你可以展示最真实的自我。你也可以犯错误，允许你的团队拥有问责权、透明度和授权。从领导的角度来说，这些特性都是仆人之心的充分体现。放手让团队形成有助于他们完成既定目标的信心、能力和权力是成熟的仆人式领导力的表现。真诚和心甘情愿地去服侍一直都是其赖以生存的根基。

依我之见，透明度是服侍及领导力的主要特征的一个部分。健全的领导会毫不吝惜地展现他的信任，并赋予人们权力来充分发挥其才能。如果我们无法给人们提供他们做决策时所需的所有信息时，所产生的结果就是我们无法给他们提供他们做事需要的权力。

透明度不仅与信息的可用性有关，同时它还与情绪的开放度有关。乐意敞开心扉所产生的脆弱感可以被认为是一种懦弱。但是，我也发现，开诚布公的对话和乐于表现自己的脆弱所冒的风险与你这样做给人的信任和亲密感完全无法相比。人们普遍都表示认同这种观点。当我们试着成为不同于自己的某个人时，对于那些围绕在我们周围的人而言，这点也是显而易见的容易被人识破的。当我们敞开心扉以真相面对人时，从我们身边的人所获得的理解及信任就会使我们成为一个真正的团队。

"以后我不再称你们为仆人。因仆人不知道主人所作的事。我乃称你们为朋友。因我从我父所听见的。已经都告诉你们了。"（《约翰福音》15:15

开放度和透明度都属于文化和领导力风格方面的问题吗？它们是否承载着精神方面的意义？在此，我们可以清晰地见证耶稣基督与其所领导的亲密使徒团队所表现出的透明性、信任及亲密关系。控制无非是一种幻象。那些试图过分控制他人的人只会使人们放弃其甘心，转向纯粹的责任和被动接受领导，就差没有公开表现出反抗而已。

开放度、透明度和自由交流会导致一些风险，但是这样做所带来的积极的生产力和信任度远远超过那点风险。让员工参与到清晰的长远奋斗目标和公开交流中是一种强大有力的文化融合。

创新、创造力、客户服务和生产力都会在得到信任和认可的环境下不断提升。如果人们不知道将会发生什么，他们将会通过各种途径尽量来得知真情，他们一样可能也会讨论所发生的事情。这种透明度必须从顶端开始。领导力风格是确定企业行为模式的终极动力。

尤其是当思考商业和商业人士时，我们通常会联想到执拗、强势的人。毫无疑问，商业环境不容乐观，竞争激烈而残酷。但是，当你仍然保持一颗诚挚的仆人之心时，带着让人愉悦的心态，你依然会心甘情愿地做出坚定的选择。正如《箴言》15:1 *中所说的，"回答柔和，使怒消退。言语暴戾，触动怒气。"*。

当我们位居公司高位时，我们很容易就会变得严苛，我们轻易就会表现出一些不合时宜的情绪。特别是当我们面对的是一个怒气冲冲的人时，尤其如此。《圣经》给出的智慧之言就是，遇到这种情况，通过一种让对方出其不意的和善，我们也许能够缓解潜在的敌对局面。常常在面临挑战时我们可能会认为和善的处理是一种懦弱的表现，并认定行为举止必须和所拥有的权威相当，就此，《圣经》中指明了一种更好的方法。

通常来说，不是必须做成什么而是如何去做才是仆人之心的终极证明。与强硬、执拗和不切实际相比而言，保持快乐和宽容的心情来处理人和事物并且时刻保持理性将会确保更好的商业成果。长久关系是大企业赖以生存的根基，这些关系都是以互相尊重、荣誉、相处愉快和理性为基础的。

为异象服务

异象的产生都是一个集体行为。但是，将异象注入到企业之中并通过它来盘活企业是通过领导层来体现的。没有什么比一个领导无法盘活公司异象更糟的事情了。

为异象服务是企业中所有员工的头等要事。它不仅成为了方向的公正仲裁者，同时也是公司非个人性的、充满动力感的奋斗方向。公司制定的决策及设置的重点应该与该异象一致。

　　为异象服务已是一个感人的号角，号召团队在为实现这异象过程中建造和壮大彼此。如果你想团队有力，当然所有的好领导都会拥有这种想法，那么你就要有一个清晰的异象。当你将这个异象与服侍为中心的坏境结合在一起时，你就会激发员工所具备的的潜力，这样才能促进公司的发展。领导力的一个关键部分是展现并时刻交流异象——不是未来的虚无缥缈型愿景，而是大家所渴求的所能领悟的清晰的将来。

　　"他对我说，将这默示明明地写在版上，使读的人容易读。"《哈巴谷书》2：2

　　没有一个明确的异象，你的团队将会分崩离析，朝着多个方向发展。有了明确的异象，团队就会团结一致。所有的人将会朝着预期、共同认可的方向努力。一旦理解了你的前进方向，你公司的各个阶层就都会因此而受益。真正的仆人式领导力将会对员工释权，但是如果没有形成一个明确的异象，那也就是无稽之谈。除非我们都知道我们的目标，否则我们将无法为这一目标贡献力量。在耶稣基督升天之际，他给我们指明了我们人类的异象。

　　"所以你们要去，使万民作我的门徒，奉父子圣灵的名，给他们施洗。"《马太福音》28:19

　　这就是我们所关心的一切。在耶稣说完这之后，他为我们指明了我们的将来并且赋予我们权柄，同时也给我们配备了万能的帮手，就是圣灵自己。这一模式肯定值得我们在我们所效力的公司中仿效。

正直

服侍和仆人之心的一个关键方面是要正直行事。这一条似乎是一个基本、普遍并为人们所熟知的要求。它看起来像是常识，但不幸的是，实际上它并非那么普遍。如果不具备正直的品质，你就无法服侍。

你感觉到你一直在受考验吗？你一直在做对的事情吗？你头脑中刚刚闪过的念头是什么？你意识到你自己明白你确实应该做的事情，但是你却极不情愿这么做吗？《历代志上》29:17中说：*"我的神啊，我知道你考验人心，喜悦正直……"*

做正确的事情，让上帝来决定接下来发生的事情。正直非常重要，以正直之心来服侍并非易事，这一点非常难以做到。在现实中简直不可能。然而，有了神，一切皆是可能。我们不能仅仅依靠着自己的有限能力来正直行事。因为只有在上帝那里，我们才能找到真正的能力、坚韧和纯洁来装备我们可以站在正直的高度行事。

安宁、低调又正直的生活是一个强有力的见证和一个让人产生尊敬的生活方式。正直行事但又不因自己的谦卑而骄傲将会得到人和神的喜爱和恩惠。按照神的方式行事不一定会导致我们与周围的人发生争执。有时候，我们认为，如果我们依照《圣经》行事，我们将不会那么成功。

"在这几样上服事基督的，就为神所喜悦，又为人所称许。"《罗马书》：14:18

与受人的喜爱相比，我更加重视受神的恩宠，但是上帝说你可以鱼和熊掌兼得，只要你确信将先后秩序掌握好。一个是因，另一个是果。《圣经》告诉我们，我们既可以为人所接受，也为神所认可，这在商务领域是多么蒙福的状态！

我们的正直通常是通过我们所说的话语体现。我们是否许诺的过于我们所能给的？我们是否在绘制过分美好的蓝图？在你的员工面前你是否承诺了你无法完成的一份奖励？

有时候，想完全按照实情说话似乎根本不可能。通常，当环境有所变化时，实现承诺变得困难，但是我认为我们应尽力实现我们的承诺。我们应该做我们承诺要做的事情，并让上帝来判断最后的结果。他会是最后的发奖者，如果我们按照他的要求站立得稳。

我们可以通过信靠神的话语来生活，信守我们的承诺，经营或是成为一个成功的、不断壮大的、可盈利且具有影响力的企业的一部分。也许大家都知道在简单中总是隐含着某种优雅、诚实和纯真的东西，所以人要保持简单。

有时候，正是因为我们无法保持简单而使我们自己绊倒。请相信耶稣制定的使事情简单的原则就是按照事物的本相来说话，实事求是。他通过如此简单的方式来阐述显而易见的事，简单可以让我们避免很多的麻烦，超过我们所理解。

他定义的正直和诚实是指什么？简言之，他在《马太福音》

5:37 中提到: "你们的话, 是就说是, 不是就说不是……"简单的真理尤其有力——请记住保持正直, 说到做到。我们在回答问题的时候, 是否常将简单问题复杂化或是试图通过小小的善意谎言来达到我们利己的目的?

如果其他人相信我们总是直截了当地给出答案, 不隐瞒任何, 他们就会相信我们所说的是真话, 如果我们以这种方式行事, 难道这不是大家也是你所想可以一起共事、做生意理想人选吗? 这样, 当我们分享有关神的真理时, 人们也一定乐于相信我们所说的。

诚实服侍

《圣经》中我最喜欢的一个人物就是但以理, 他总会被神放在我们常人完全无法设想的一系列的情景中。他被人从家里带走之后沦为了一个奴隶, 而后被选送进皇宫去服侍一个粗暴的铁石心肠的国王。你最后一次是什么时候"被扔到狮子面前的"? 但以理实现了一种我们所有人都渴望的将自己奉献给神的生活。他工作勤奋、诚信可靠而且充满了智慧。当人们反对但以理时, 他们找不到任何理由不信任他。这是多么伟大的见证啊!

"那时, 总长和总督寻找但以理误国的把柄, 为要参他。只是找不着他的错误过失, 因他忠心办事, 毫无错误过失。"《但以理书》: 6:4

我们也可以被同样的方式来衡量吗? 但以理的生活是我一直试图模仿的生活, 我发现这确实是一个挑战。如果我们都能照着但以理这么做, 我们的诚实将给我们带来最有力的证据, 像但以理一样，我们会得到更多的信任和委托。

"以后你来查看我的工价，凡在我手里的山羊不是有点有斑的，绵羊不是黑色的，那就算是我偷的。这样便可证出我的公义来。"

《创世纪》：30：33

素质

到目前为止，我们一直在关注如何在我们自己内部的商务体系进行服务。这是成功的关键，通常也是成功的催化剂。很显然我们不能忘记我们的客户，在任何商业模式中服务客户是成功的首要条件。当企业不尊重并拒绝为客户提供服务时，他们就会陷入困境。我们生活在全球化的大背景下，拥有了前所未有的信息和可用资源。我们的人员及我们如何服务我们的客户最终将成为真正而持久的不同点。

服务通常被看做是成本中心。在我看来，这也是一个机会中心。很多有价值的客户都诞生于我们已经解决好的问题之中。"车轮掉了"后，你们公司是如何处理的？通常，人们不是看我们在形势好的时候为他们的所作所为来衡量我们，而是在形势不太乐观时我们的处事来衡量我们的品质。

人们通过语言来判断我们。当我们做出的承诺合情合理，甚至对我们没有立刻可见的回报承诺遵守时，人们也开始会对我们产生信任。我们的服务质量，不管是在公司内部还是外部最终都可以确定我们的命运。

在产品开发阶段，质量和服务都同等重要。提供优质的产品就是服侍我们的客户。当我们将客户服侍好了，我们就可以开展更多的业务。这虽然是一个简单的哲理在很多公司运营中非常管用。

在公司营运的很多方面，要意识到我们都在为某个人服务，我们都有自己的影响范围，并且我们都会对某个人负责。为什么不去花时间做有品质的工作，提供有品质的服务，或是创造有品质的产品呢？

品质的持久性是通过一系列的计划、思想、参与和正直性来实现的。不管条件如何，诚信、可靠地一直给予你所承诺的，解决你所面临的，这表明一个企业知道自己在做什么。这对于企业来说是正确的行为，同样地对个人而言也是如此。

人们可以信赖我们吗？当他们要求我们做某事时，他们是否相信我们所承诺的可以按照他们所要求的去做？虽然这些都是富有挑战性的问题，但都必须得提出来。持久性听上去很枯燥，但是这表现了一种责任和应具备的伟大品质。它不仅肯定会带来信任，同时也是提供优质服务所需的重要品质。

灵感

灵感和服侍两者之间存在着什么共同点？服侍的愿望应该是源于对神的感恩。从定义上来说，真正的灵感也源于上帝。在一定程度上，服侍上帝和服侍市场中围绕在我们周围的人都源于灵感。

产品开发和服侍都可以被激发。只要我们追随神，那些来自上帝心中的创意会流淌进我们生命，给我们灵感让我们总有很多方式来替他人提供更好地服务。

上帝是造物主，也是所有创造性思维的源泉；他创造了一切受造物。如果我们可以接近地球上最聪明的人会如何？我们难道不会使用这种个人关系来请求他们是否可以利用他们的专业知识来激发我们在自己的企业中表现卓越？要知道我们每天都可以拥有绝对比世界上更聪明的人可以给我们的无限的，更为智慧的，更支取不绝的资源，那就是神自己的赠与。

服侍我们周围的那些人——那些我们可以影响以及那些管理我们的人，这是我们在市场中保持自己基督徒职分的一个重要部分。这种服侍的一个方面就是将神带到我们的工作场所。

我们是与造物主紧密相连的激励他人的渠道。这也就意味着，我们应该天天将我们在职场中所有的事务带到神的面前，寻求他的智慧和能力来有效解决。这是我们生命中最要紧的部分。

不要浪费了我们拥有的权柄和我们与神的关系，而是要充分发挥上帝赐予我们的潜力，让它在我们的企业、工作场所及更广阔的市场中发挥作用。只要运用正确的思想和仆人之心什么好事都可能发生。

我们从属于无所不能、无所不知、包容一切的救主。他不仅理解我们的现在，也清楚地看清了我们的未来，我们中最明智的人也无法看清这一点，这是一种什么样的机遇让我们能够有前途有服侍的机会。

我不认识你，但是我可以与你联系得更加紧密——特别是源自与圣灵之间的这种联系。他正等待着你将他融入到你的企业中，期望与你携手，在你寻求服侍时给你提供指导、引导、赋予你权力并带来更高的智慧。

"敬畏耶和华是智慧的开端，认识至圣者，便是聪明。"《箴言》9:10

不要去忽略上帝的智慧，上帝对你的职业和你在职场上的职分有极其浓厚的兴趣，他等待着你邀请他进入你的职场世界，给你启示，今天你愿意在此时邀请他加入到你的事业中吗？

创新

因为我们与上帝——伟大的造物主有关系，因此我们必然是地球上最富有创造性的人。古往今来，艺术、科学、政治甚至是民主资本主义范围内历史性的重大突破都是那些追随和信仰神的人们所开创的。如果当时这些都是真的，今日也会如此，因为神昨日今日到永远是一样。

我们可以通过保持创造性来提供服务。我们的创新会给我们周围的人、工作的项目、所生产的产品，销售的服务带来更宝贵的价值，让那些在我们上面有权柄的，那些我们要负责的人看见和认可我们的创新。

创新不仅仅属于有形的产品创意。我们可以通过我们服务他人的方式、与他人的关系及我们在工作场所表现出来的尊重和荣誉来体现创造性。

如果我们知道上帝对我们的工作非常感兴趣，那么就会将创造性付诸实践，让他指点我们如何改进我们的企业和工作。我们发现无论我们身处何职，只要与天国保持一致时，就会有机会追随神并获得成果。既然我们的生命顺服于神，那么我们就可以期待他带领我们前进并在我们的日常生活中做主。

态度

我们在工作场所服务时应该持有什么样的态度？有些人充满苦痛，抱怨，无奈的工作，认为这是摆脱不了的义务。天天问"我又被迫为你服务？我确信如果我们基督徒在工作上持有这种态度，那么很多人都不会想成为基督徒。我们的态度影响我们的效率。尽管积极思考的学说混淆了这一真理，但是无论如何这也是我们不可忽视的真理。

人怎样思考，他也就是如此。态度一直就是一种选择。这也是我们能够完全掌控的少数事情中的一件。我们选择的态度通常将会决定我们生活的结果和办事的效率。这看似是一种老生常谈，但它之所以能够成为老生常谈也正是因为其正确性。正如《箴言》18:21 中所说："生死在舌头的权下。喜爱他的，必吃他所结的果子"

"善人从他心里所存的善，就发出善来。恶人从他心里所存的恶，就发出恶来。因为心里所充满的，口里就说出来。"（《路加福音》6:45）

我们的心受到我们所说的及我们所持的态度影响。如果我们选择积极地生活观，相信我们的神，那么就会给我们带来心灵上的平静；我们所说的话语就会是积极向上、宽容、鼓舞人心的；

我们将会对我们所处的环境产生良性的影响，绝不允许我们身处的环境阻碍我们建立神的国度。

秉承上帝所说的话并相信他的承诺是一种忠诚于神的立场，也是使工作更加出色的良好态度。如果我们都很消极，而且只关注外部环境，那么从我们口中说出的话就无法拥有可信度，也无法与上帝所说的一致。我们所想所说的话语会影响自己所处的坏境。

积极忏悔的力量——认同神的观点和承诺——将会影响我们改善我们的环境。我们将会目睹神实现他的意志，但是这首先是从正确的态度出发。意志无法唤起忠诚，但是我们可以创造一个适合忠诚发展的环境。如果我们选择与神的意志相合的态度，忠诚的种子就会在适当的环境中发芽成长。

想象一下，如果一大群人一开始工作就期望神会影响他们，他们就会变得充满动力，满有能力，期望自己能够做到最好。同时，他们也会在神的激励下正直地服务。这样我们就会在短时间内让世界发生翻天覆地的变化。

动机

什么可以激励你？很多事情都可以激励我——很多事情，从经济收益到战胜挑战再到得到认可，到创造一个使人们融入神赋予的命运中的环境。但是，对于服侍神的人而言，有一种动力高于一切——那就是服侍神。

我们在工作场所服侍的是神。他就是我们服侍的动力所在。他脱下自己的衣袍，在手腕上系上毛巾，给那些几天后背叛他舍弃他的人洗脚，通过这种方式他向我们说明了什么是服侍。

主来寻找那些迷失的人，哪怕最后被钉死在罪人的十字架上耶稣也顺服天父的意愿，以此来荣耀神。耶稣给所有人展示了这种最高境界的服侍动机。这就是我们的动机和楷模：像耶稣基督一样服侍神。

动机将会激励我们勤奋并且让我们能谦卑地服侍那些比我们有权柄的人、我们周围的人和我们赋予权柄的人。我们要心怀同样的尊敬和关爱来对以上所说的不同的人群。

我们也要服侍我们自己。服侍并非听上去那么自私。我们越是有目的的去发展和运用神赋予我们的技能、天赋和才能及神信任我们的态度，就越有能力帮助他人。

"你当竭力，在神面前得蒙喜悦，作无愧的工人，按着正意分解真理的道。"（《提摩太后书》2:15）

那些处于领导地位的人可能对此表示怀疑。不要忽略上帝已经赋予你的本领，你的思想越敏锐效率就越高。

你的技能水平如何？你也会和很多领导一样，忽略了自我发展因此难以更好的服侍你的公司？勤奋不仅是用心地致力于实现自己的职责，同时也是在保证你不断地成长和进步。

如果你仔细关怀自己，你会发现原来你可以给予他人更多。不要忽视阅读、学习和聆听智慧的声音。不要忽视了和志趣相投的职场中人一起参加研讨会和聚会。在你成长和发展的过程中保持勤奋，你周围的人也会受益。那么，你就可以成为神面前无愧的工人。

我们应该全心全意地服侍神，我们可以满怀欣喜地服侍。只要我们全心全意地工作，全身心投入到我们从事的工作中，怀着正确的动机和态度，我们就会取得成功。

"凡他所行的，无论是办神殿的事，是遵律法守诫命，是寻求他的神，都是尽心去行，无不亨通。" （《历代志下》31:21）

有意思的是，当我们提到成为仆人时，就不得不提到谦卑。谦卑在大众眼中似乎很难与激励我们的动机相提并论，但是如果我们的目的是服侍，那么就应该怀着谦卑之心去服侍。我们似乎习惯性地将谦卑与温顺和温和混为一谈。我们应该放弃对耶稣基督进行描述和刻画的现代方法，在这种描述和刻画中耶稣被刻画为一个柔弱、温顺、温和、具有女性气质的人，身穿白袍，双脚干净。

这与他实际上是生活在艰难坎坷中的粗犷的木匠形象完全不同。正如温顺是集中体现在力量方面一样，谦卑是我们自己怎样看待我们在神心中的位置。

谦卑不是将自己摆在较低的位置，而是在我们心中抬举他人。谦卑表明我们坐在基督的右手边。当人们看着我们时，他也看到了耶稣的正直。谦卑表明我们的成就不是因为我们自己或是我们所做的任何事，而是源于上帝的恩赐。

我们所要企及的伟大就是通过谦卑和甘愿奉献来实现的。正如《马太福音》23:11 中提到的：*"你们中间谁为大，谁就要作你们的用人。"* 这个充满矛盾性的真理通过耶稣的身份得到了完美的诠释。所有人中最伟大的人是所有人的仆人。如果我们寻求服侍他人，那么神就会赞赏我们。如果我们寻求得到他人的赞美，那么神就会拦阻这种自满，这与人性相悖。因为我们的本性都有想成为重要的人而被人仰视的那一面。

总是有部分人企图通过利用他人来提升自己。我们应该警醒神是反对个人野心的。我们必须重新界定我们自身的弱点，在我们的工作场所的磨练使它们成为我们服侍神的长处。让我们学习我主耶稣，从他身上如何学会服侍他人。

关键经文

"在这几样上服事基督的，就为神所喜悦，又为人所称许。"

（罗马书 14:18）

要点：

· 在工作中服侍他人就是服侍上帝。

· 真正的领导是忠诚、透明并可信的。

· 上帝要求我们正直、诚实地服侍他人。

· 灵感和创造力是上帝的特征。

· 我们的态度决定了我们的效率。

· 受到谦卑的鼓舞。

祷告

我主啊，请教我如何服侍，教我如何像您一样谦卑。阿门！

第5章

为见证而工作

"但圣灵降临在你们身上，你们就必得着能力；并要在耶路撒冷、犹太全地和撒玛利亚，直到地极，作我的见证。"

（《使徒行传》1:8）

让我们从永恒的角度来看问题，那么，唯有那些有着永恒意义的事情才是相关的、重要的。我们侍奉永恒的上帝，没有开端，亦没有结尾。耶稣在世的时候，给我们留下了最后的指示——走向世界，让众人成为基督的门徒。

我们已经得到重生，这不仅因为圣灵让我们的心灵看见和承认我们的罪，也归功于顺服神的人带着信心和勇气敢于抓住机会，向我们述说基督的信仰。直到 19 岁，我才知道为何耶稣会死而复生。我们理所当然地认为人们该是知道的，却不知他们并不知情。

若在永恒中，不能与神同在，那将是无法想象和太难接受的可怕结局。如果我们真的看见了这一结果，我们就能克服不愿意与人分享信仰的本性。有很多事情我们可以去做来帮助人看见没有神的永恒危险。如果我们不相信基督，那么就不可能得到救赎。只要我们心中有信仰，行动上也奉耶稣基督为我们的主，并意识到我们的罪，然后，诚挚地邀请基督进入我们的生活中，我们就会得到重生。

"你若口里认耶稣为主，心里信神叫他从死里复活，就必得救。"
（《罗马书》10:9）

这节经文指出在我们承认耶稣为主的时候，我们瞬时就从黑暗的国度跨入了光明的国度。我们脱离了一个被谴责和审判的地方，到达了一个充满宽恕、正义、和平的地方。我们受益于耶稣为着全人类所做的牺牲。

"因为世人都犯了罪，亏缺了神的荣耀。" （《罗马书》3:23）

我们都需要得到他的宽恕。这是一个免费的恩赐，因此，没有人能将它作为夸耀的资本。它纯粹就是神的恩典，无关乎所谓的修行或者等级特权。关于永恒，真实跟随神的人们心中是有确切答案的。既然我们受了恩赐，那么我们就有责任和义务将其与迷失的人们分享，如此一来，他们也便拥有了这个机会——得以认识我们的天父并永远与基督耶稣同在。

见证可不止于口头上表达我们的信仰。我们不应该强求别人进入神的国，因为让我们认识罪的将是圣灵在人们心中的工作。作为见证人，我们不仅要用语言，也要用行动去证明，因为没有行动的信仰会毫无生机。我们通过自己的生活方式来见证神，让与我们接触的人从我们身上看见我们所敬畏的就是神自己。*"只要心里尊主基督为圣。有人问你们心中盼望的缘由，就要常作准备，以温柔敬畏的心回答各人。"* （《彼得前书》3:15）

不过，在现代商场中，要如何实现为我们的主做有效的证人呢？难道我们随身带着一本厚厚的《圣经》去工作，依靠它来挑剔和抨击他人？这只会让人们反感基督信仰。我认为，在工作场所为神做见证时人们容易犯一个本质性的错误，那就是：我们在做工，所以我们能够传福音。还有就是以为我们与人有友谊，所以我们可以给这人传福音。

然而，任何一个基督徒，倘若他得到了关于永恒和末日审判的启示，并获得了救赎，那么，这人一定会有一颗希冀救赎他人的心。这是爱心的真情流露而非矫揉造作。但是，假设你交友的目的只是为了传福音，那么你的友谊往往并不纯真。如果你与真诚结交的友人分享你的信仰，你的见证就会更真实、真诚并得到认可。你们的友谊也会得着巩固。

关乎友谊，情况如是，同理，关乎工作，情况亦如此。如果你工作的目的，只是为了得著灵魂的救恩，那么，你将很难得全身融入到工作场所中，也无法成为公司异象的一部分，更没法实现自己应有的效率和产能；而你为融入其中所做的努力也会被视为虚情假意地造作。相反，如果你完全融入工作场所之中，你将有机会分享你的信仰，并看到灵魂得着基督的拯救。

传福音

我有一个朋友，他是一个极其有效率的灵魂得着者。他似乎总是在和我说又有某人开始信仰基督了。他在公共汽车上偶遇的人，一经他布道，很快就会开始自我忏悔，并开始侍奉神。他不仅见证了很多人开始了解耶稣，见证了他们成为门徒，还见证了他们通过努力，也成为了如他一般的高效率的布道者。

有一天，我错将其称之为福音传道者了。为此，我得到了一个相当严厉的回复，不过，回想起来，这个严厉的回复蕴含了很多的真理。他坚称自己不是一个传道士，不过，他确实提到过，他非常关注将福音传出去。实际上，他的日程上，有专门留出时间用于祷告和见证，为此，他也获得了相应的回报。因为他有专心去寻找传福音的机会，并且专注于向神祈祷，求他救赎与之一起工作的人们，他的生活也就满载硕果。

　　这是我们需要持久思考的事情，那就是在我们的日常生活里用心领悟神正在做的事情和感知上神，识别并接受神每天摆在我们面前的机会，让这样的习惯成为我们工作中不可分割的一部分。

　　你有关注过传福音的事情吗？你不能依靠辩论，让人们进入神的国度。理智推理可能会满足那些需要通过理性来理解这一辩论的人。但是，只有圣灵在人们心中的工作才能真正给我们带来救赎的启示。

　　如果仅仅依靠自己的智慧和努力，我们将会失败。如果我们希望拥有硕果累累的生活，那么我们就要以耶稣为榜样，像他一样行事。耶稣说，只有他见他的父做过的事情，他才会去做。

　　"耶稣对他们说，我实实在在地告诉你们，子凭着自己不能作什么，惟有看见父所作的，子才能作。父所作的事，子也照样作。"（《约翰福音》5:19）

　　如果这于耶稣，是足够好的，那它于我们，也该是足够好。我们只需要依靠圣灵和他。

　　"但圣灵降临在你们身上，你们就必得着能力。并要在耶路撒冷，犹太全地，和撒玛利亚，直到地极，作我的见证。"（《使

徒行传》1:8)

正是圣灵将恩膏、能力、效率和力量赐予了我们。这是一个非常了不起的组合，只要我们拥有了这些，在寻求见证人们得到耶稣基督的启示这一行为上，我们就必然能成功。所有人最终都会向耶稣俯首叩拜；让我们祈祷，有更多的人将俯首在永恒的疆界，在仁慈和恩典的这一边。

毫无疑问，我们都受到召唤去传讲福音。每天，我们都有机会观摩神的举动。有机会面对神，与人分享福音，我们应该满怀期待地前行。

如果不为见证，我们又何必立身于此？让人们知道我们身上发生了什么，是我们追随耶稣的重要部分。为什么我们需要邀请人们去教堂聆听神之声？当我们和天父交流时，圣灵是唯一能让我们看见自己的罪、呼吁我们来悔改、而为我们的灵魂带来精彩重生的那一位。

就是在这个世界上——在商场中，我们需要自然而然地，并在神赐予我们机会时追随他的引领去见证。往往当我们谈论去给迷失者作见证时，我们会想当然地认为福音主要针对的是穷人、有需求的人和那些海外的人。上帝同样也爱富有的人、强大的人和有影响力的人。我们被称为盐和光，在我们扎根的地方生长。在市场上，我们的生活、工作、反应和话语——我们是谁，我们做什么——都应该体现上帝对这个堕落世界的爱。

我们是蒙恩的罪人，神付出了他最亲爱的儿子耶稣的生命这样昂贵的代价让我们得到救赎，因而，我们走出我们的小圈子与周围的人分享我们所获得的这份白白得来的恩典。

我们的责任是去彰显上帝的爱，以及他对我们身边这世界的永恒的美好影响，这就是福音，又叫好消息。

声誉

当我碰到不了解耶稣，却在商场高谈基督徒该是什么样的人的时候，我会感到难堪。不幸的是，确实有很多基督的追随者无法完成其使命——成为商场上的见证者。人们都睁大眼睛在观察，想要知晓我们的信仰是否真诚。我们的声誉不仅会影响我们，还会影响我们所代表的父神。毕竟，在《箴言》22:1，上帝说："*美名胜过大财；恩宠强如金银。*"

不要尝试走捷径和过河拆桥，是保护我们声誉的两种有效方式。不管情况多么艰难，或者是碰到一笔多么糟糕的交易，愉快的去面对将会确保你的声誉不受影响。《圣经》把声誉看的比物质利益和金银珠宝更加重要，因此我们也应该抱持这一观点。不管怎么说，我们是上帝热爱这个世界的具体表现。

通常，人们会根据他们对我们的看法来评判上帝。这也许并不合理，但这是现实。因此，保护好我们自身的声誉也就是保护天父的声誉。我们是他的代表。难道这个责任不重大吗？是的，这是一项重大的责任。因此，我们应该非常认真地对待此事。我们身处一场奋战中，我们的任务之一是让我们生命中的神吸引周遭人的灵魂、心灵和思想，来归顺上帝。

机会

假如是圣灵来使人们认识自己的罪恶和他们对耶稣的需要，那么也是他给我们带来机会去合适的场所合适的时间为他作见证。凭个人力量是很难完成的，我们需要敏锐地听从神。

耶稣确实通过不同的方式实现了对周围人的服侍。既没有现成的公式，也没有七个所谓的步骤，更没有现成的答案。每个案例都各不相同。上帝通过不同的方式来吸引我们，只要听从于他，他就会为我们指明方向。

让我举一个自己生活中的例子。我有一次乘飞机去香港，我喜欢飞行。因为这不仅是为数不多能让你真正体验到平静的地方，没有电话，没有邮件，也没有会议；还是一个放松的时间。当然一切在改变。如果有一天在飞机上也能使用手机和邮件的话，那么这将是一个悲剧。

忙碌了一周的工作后，我坐在自己的座位上，期待着去看一些好莱坞最优秀、最让人头脑发麻的东西。给旁边的人打了一个简短而又礼貌的招呼后，我就带上耳机，融入到一个快乐、与世隔绝的时空中。

我开始感到不适，感到精神上的不安。我可以听见内心一个平静的声音在催促我，让我抛开自己的舒适，去接触坐在我旁边的人。多年来，我已经学会了回应这个声音。然而，我仍然在脑海中辨别，这究竟是上帝的声音还是我的声音。最终我还是妥协了，放下耳机，开始和旅途中的同伴聊天。

我们谈了些有关业务和其他的东西，这是非常有礼貌的谈话。

接着，我们开始谈论私事和私人关系。他开始分享他生活中的一些故事。他是一个相当有钱的人，通过投资挣了一笔财产。在中国的银行系统，他是一个掷地有声的人物。后来我才知道他不仅是一个佛教徒，还是同性恋。

我和这个富有且强大的中国佛教徒同性恋有什么共同点呢？为什么神将我置于这样一个场景中与这个人去分享神的爱？他刚和他的长期伴侣分手，在他生命中的这个阶段，他感到很受伤和脆弱。慈爱的上帝怜悯了这个受伤的人。这可能是少数机会中仅有的一次机会，让这个人心甘情愿地去面对并倾听耶稣，从精神上接受真理。

我们彼此分享了生活中的故事。我谈论耶稣，并改变了他对基督教的一些误解。他认为，基督徒恨恶同性恋者，上帝也如此。但是上帝给了我话语和智慧让我既能传讲他的真理又能够让听的人与我不会产生疏离。对于这个人而言，这是生命中首次听到其他人与他分享福音。神在他永恒的爱中对这个人的生命自有他的计划和安排。

我分享这个例子的原因，并非因为这个人成功的信了上帝，那一天他并没有。我分享它是基于以下两个原因。首先，这种偶遇没有任何公式可总结。你不太可能在你当地的基督教书店订购一本书，希望里面有七个步骤教导你让这个富裕的、有地位的中国同性恋佛教徒皈依基督教。

第二，那些我们认为可能远离上帝的人，都得到了天父的爱。我的话语和我分享的福音已经在这个人的生命中播下种子。这是如此自然的一次谈话——事实上，一个基督徒以这种方式和他谈话，彻底让他感到震惊。他对耶稣的看法受到挑战并因此而改变。每次我引用这个故事作为范例时，我都为他祷告，上帝在他心中播下的种子会发芽、成长、并最终结出救赎的果实。

看天父在天堂做什么，是我们与他同行的一个重要部分。也许我们应该牢记，圣灵的议程往往是不同与我们所设想的，他的方法也不同于我们的方式。

有效模式

进入本节，我感到有些惶恐。并非因为我不相信现在教会运作的有效性，因为它所面临的新文化的挑战性，现行的模式正在受到神在我们工作场所进行的新一次翻转所带来的新冲击而产生的挑战。

再次重申，我强烈支持地方教会。仍然，我相信教会还没有采取最有效和最经典的方式运行。当即将发生改变时，我们应该注意不要让分裂产生。神在商场中的工作应该和地方教会携手共进，来实现神的国度扩展。 现在不是分裂的时候，不是要么选职场发展，要么选在教会发展，而是两样齐头并进。

我想我们都因为正确的理由到了一个错误的地方。在当前的模型中，我们试图让人们去教堂，试图说服那些不了解基督的人去一个完全陌生的环境，在那里他们会感觉自己是少数而不舒服。在这陌生的环境中，我们指望将他们交给一个专业人士就可以帮助他们得到救赎。可是我的《圣经》很清楚地告诉我，为了让教会的会众能齐心合力地服侍神，牧师和教师在教堂里的职责是装备人。我们这些被装备好的的人们在职场上就可以将神的好消息传播出去。

"他所赐的有使徒，有先知。有传福音的。有牧师和教师。为要成全圣徒，各尽其职，建立基督的身体。"（《以弗所书》4:11 – 12）

教会作为一个具有五重神职的机构，就是要准备好你去服侍"。教会的作用是装备参与教会的人员在教堂之外的职场上来开拓神的国度的。

即使有些教会意识到这些，他们对上面经节所讲的真理也有误解。通常情况下，对于教会的而言，他们认为五重神职就是在教会以内完成的。但事实并非如此。如果按照这种模式，你将建立一个人际网络，他们聚会、准备、服侍并祷告，但是绝不加入战斗，从不越过以上几项活动，不参与到职场上去履行他们在职场上所受的呼召去为神的国度结出果实，而只是局外人一样舒适地享受市场经济给予他们恩赐和果实。

我们与神同工的体现是在我们每日的日常生活中，而不是在教会的四壁里。不过至关重要的是，我们都应该与敬拜神的场所紧密联系，在那里我们可以重获生机，以此让我们精神饱满的回到职场服侍。

我们被神称为得人如得鱼的"渔夫"而非水族馆的饲养员。如果大家都有机会并希望去接触职场中的迷失者，大家将会发现什么？我相信这就是更加有效的圣经模型。只是现在我们还没有使之完成。

我们所需的见证、彰显神的恩典、圣灵的果实及圣灵的恩赐，不管以任何方式在我们生命中彰显，职场都应该是首选之地。耶稣很少在会堂上服侍。他大部分作为，也就是我们所要仿效的，就是不管他在哪里，他都会服侍。他服侍那些随时随地出现在身边的人，有时候是在井边、有时候在市场上、有时候在路边、有时候在聚会上或是在婚礼和葬礼上。

追随基督

耶稣给我们的最后使命不是只让人承认他，很清楚地他让我们去使万民我们成为神的门徒。尽管对于救赎而言，承认耶稣为拯救世人的救主是至关重要的，但是它仅仅只是漫长旅程的第一步。使人成为门徒就是与他们一起走天路，直到他们能带领其他的人接受基督。即便到了那时，所有人也都应一起走下去，彼此支持、相互鼓励。

真正的门徒培训是为了教导人如何更接近耶稣，帮助他们认识到自己是谁，自己可以成为谁，并确保他们与他们的创造者之间建立一个强大而又亲密的关系。

如果我们有从神来的委托让我们引导别人走向基督，那么就有责任确保他或她得到很好的服侍或帮助。我们必须确保他们周围的人是成熟的人——那些能帮助他们成长的人，为他们提供一个坚实的成长基础。这包括使他们可以融入一个热爱他们的当地团体中。

门徒培训期间的最重要的成长证据就是一个门徒从新的旅程中所获得的生命本体的改变，让人无可推诿神的工作。当神开始在信仰他的人心中种下一个新的愿望时，他或她反过来也将鼓励其他人去寻找神。尊荣是什么，就是能目睹人们不仅承认耶稣是救主，而且看见他们成长，在人生的路上被建造而成为有丰硕成果的神国度的建造者。

榜样

我们的生活就是我们的见证。我们被呼召成为活生生的榜样，一个被神的能力所充满的鲜活的生命，这个生命彰显着信仰耶稣意味着什么。*"请时刻传播福音，必要时用话语来表达"*，这是引用于阿西尼的圣弗朗西斯的一句名言。他也传道，不过引用他的这句话充分的说明行动胜于言辞。我们必须言行一致。没有行为的信仰是死的，没有信仰的工作同样也是徒劳无益。

你如何对待别人？像耶稣尊重人一样去尊重人将是见证的出发点。我们实质上都应该是耶稣基督的代言者。像基督一样生活行事，对我们每个人而言都是一个挑战。

是的，我们都是凡人，人们可以看到我们的弱点、我们的失败和罪恶。然而，在这一切之中，我们仍然要有生活中所需的诚信，我们的言与行之间存在一个明确连贯性。不管我们喜欢与否，人们会根据他们在我们身上的所见去评判上帝。虽然这可能不太合理，但不幸的是，在大多数情况下这却是真实不可避免的事情。

要问自己，在我们的生命中是否有根本性的转变能够证明我们曾经邂逅过永生的神？这是一个难以回答的问题，之所以难以回答是因为我们生活中有自己的问题和麻烦。但事实是，我们总会被改变，当我们允许圣灵改变我们时，他就一定会在我们的生命中显现。

作为榜样就要承担很多责任。不过，在可以挖掘我们潜力的压力之中，我们知道正是上帝改变了我们的心灵。圣灵让我们承认我们的罪过，如果我们顺从并且给与神我们的生命，我们一定会被神所使用。

作为榜样并非是去做一个好好先生，而是做一个真实、开明、透明且能和周围人分享生活的人。这与我们是否有意愿加入周围的团体并为团体所用有关。这种开明的意愿可能会带来威胁，让我们失去一定的安全感，如果我们不克服这些迈步出去，那么我们可能错过很多将神的爱传递给那些需要的人的宝贵机会。

打破壁垒

我们的上帝是无所不能的神。如果他真的可以移动山，我知道他可以，那么我们也能成为打破不可逾越障碍的人——获得看似不可能的机会和实现无法实现之目标的人。我们真的相信这是能实现的吗？有时，我们在思想上相信，但在心里却不相信。

"耶稣说，是因你们的信心小。我实在告诉你们，你们若有信心像一粒芥菜种，就是对这座山说，你从这边挪到那边，它也必挪去。并且你们没有一件不能作的事了。"（《马太福音》17：20）。

当我们站在神的立场上并信任神，我们就可以期待神来移山倒海。在天堂，我们坐在基督神的右边。权柄不是以我们在早上的感受或昨天我们是否失败来衡量，它是建立在神的话语及其对我们的承诺之上，它以我们在基督里的身份为依据。虽然我们难以相信，但是我们在基督里的时候，耶稣的权柄也就是我们有的。当我们奉他的名来求告天父，就好像是他自己在问天父一样。天父会拒绝耶稣吗？

"他又叫我们与基督耶稣一同复活，一同坐在天上。。"（《以弗所书》2:6）

在你的工作场所，有没有什么目标是所有人都彻底放弃的？有没有什么东西是你不能实现的？如果有，那么神将有机会证明他的权柄和能力，他对你的惠顾并借此将神自己的荣耀彰显。

当面临巨大挑战时，我们不应该退缩。正是在这些挑战中，我们才能展现并证明上帝与我们同在。我将在下一章中进一步讨论这个问题，同时我们将会探讨我们如何与上帝一道创新。可以这样说，如果我们实现突破，将不可能变为可能，做其他人不能做的事情，其他人就会询问我们是如何做到的。当我们让上帝将不可能变为可能，世人就难以否认神的大能和真实。

我们的反应

当我们取得成功时会有何反应？谁会获得荣誉？分配荣誉确实可以揭示我们生活的根基。如果我们以自我为中心，我们就会渴望他人的一致好评——我们或多或少都是这样。虽然这是一个自然的趋势，仍然我们可以选择为了我们的成功而给别人荣誉，或者至少是不往自己脸上贴金，而是认可团队的合作可以让我们都变得更加无私。

在这个自相残杀、追求及时行乐的世界，最强的适者和弱者都被抛弃，将荣誉归给别人的这种无私行为可以强有力地证明你超越了个人。我们在这些情况下的反应称得上是一个有力的见证。我们尊敬别人真的胜过尊敬我们自己吗？如果我们将他们放在第一位，那么就需要去证明和解释。等待机会去尊重他人；它会将你和那些为自己服务的人区别开来。同样，它也就导致了忠诚和奉献精神的产生，并可以将人们从承诺转到承担义务。

虽然把成功的荣誉归功于别人绝非易事，然而勇于承担失败的责任更是难上加难。也许这只是我的个人之见，但我确实不喜欢失败。我想成功，但我们无法保证时时刻刻都能成功。当失败降临时，我们会作何反应？若有其他人参与其中时，我们又将作何反应？

这时候我们都需要来自神的智慧；如果放下我们的野心和骄傲，带着些许谦卑来行事。请求让上帝来解决后果，自己坦然面临和接受已成的失败事实。如果你带领团队而且整个团队也失败了，那么你应该主动去承担责任。

当所有事情都大错特错时，这将会是很好的学习机会。甚至会有一个让我们来庆祝我们最壮观失败的地方。当失败被看成是一个学习和重新调整的机会时，它可以帮助减少文化上的风险并鼓励创新。

当我们逃避责任、推卸责任时，我们的领导地位会受到损害。如果我们愿意主动承担责任，不回避一系列可能的麻烦和问题那么一定会有人好奇的问"你为什么这样做？你为什么愿意为了我们而让你的名声冒风险"？在这样的情况下，我们的行为可以证明：我们拥有一系列的优先权。我们已经得到了太多的谅解。

"所以我告诉你，他许多的罪都赦免了。因为他的爱多。但那赦免少的，他的爱就少。"（《路加福音》7:47）

那些更多被赦免的人，愿意付出的爱也多。我们知道什么是失败，也知道被赦免意味着什么。我们知道重建意味着什么，无条件的爱是什么。我们知道什么是天父那似乎貌似不合理而又深不可测的恩典和他给予我们的神圣的爱。既然神已经涂抹了我们的过犯，我们又有什么资格责怪谁？我们应该在生活中展现宽恕和谦卑。如果我们以这样的方式生活，人们就会问是什么支撑我们这样？在回答这个问题时，我们将得到一个机会——一个可以荣耀神，看到生命被感动的机会。

我们可以在工作中表现同情，看上去做生意和和同情似乎不会走在一条路上。但是我们常常不知道同情的影响力。有时候我觉得这是神似乎有意不愿我们看到的。

记得曾经特地与一个刚经历悲伤的基层员工谈话，当时我并没有想太多。当他带家人来看我，听他们说我是唯一一个真正关心他们的人时，我才意识到同情心在工作场合具有这样的影响力。几乎每隔一段时间，我们就会面临一些问题——这并不是生活中一般性的问题，而是巨大的几乎会让我们被压倒的一些问题，我们需要学习面临这样的挑战并且帮助正在经历的人。

"智慧人爬上勇士的城墙，倾覆他所倚靠的坚垒。"（《箴言》21:22）

在这些时候我们确实更需要神的智慧，让他来帮助我们制定策略，借助他的力量，你可以克服、跨越巨大的难关。多花些时间来等候他，他会给我们一个答案。通常，我们需要对大问题立即做出回应。当突然面对大问题时，我们必须对我们所说的话非常谨慎。因为重大的挑战会蓄意破坏我们，让我们感到恐惧。我们在面临突发情况所发表的言论，会为以后的成功或失败奠定基础。我们的言语中要始终充满信心——反应神的观点的话而非失败和灾难。生死常常在我们的舌头之间。

面临这些问题时，我们总想采取行动，因为我们觉得，按兵不动就是忽略问题。但是花时间去聆听神的旨意，我们才可以得到神所给予的有起死回生的能力的适当回应，

"使人处事，领受智慧、仁义、公平、正直的训诲。"（《箴言》1:3）。

这里有一张快速的清单可以引导我们的重大商务行为和对应，请问问"这是正确的吗？这是合宜的吗？这是公正的吗？"通常，这些都不在商业环境的考虑之内，但如果我们努力按照神的方式来做，那么这应该为我们提供一个值得信赖的参考。我们可以通过神的话语中的启示来得到这些指示。有时候，我们所认为的公平和正义在神看来并非如此，但他的观点总有助于我们保持谨慎，智慧又正直地行事。

影响力

我们都是影响力的掌管者，我们通过不同的措施在不同的圈子里来实现我们的影响力。不管我们会产生什么样的影响力，神将影响他人的能力和机会赐予了我们。

如果我们承认我们的影响力源自于神，神也给影响力带来相应的责任。我们该如何利用这种影响力呢？我们是带着一种神圣的责任感紧紧地把握住它吗？我们会为那些出现在我们生活中的人祈祷吗？

将我们的影响力看做是一种见证的机会，服侍上帝可以将我们信仰的生命力及后续的行为带入一个新的境界。上帝赐予我们眼下这个独特的属于我们个人的，可以发挥影响力的领域就是让我们带着神国的荣耀进去。大多数的影响力是通过我们与他人的关系来实现的。在企业中，无论我们面对的是我们的当权者、下级、同事、供应商、客户还是任何其他利益相关者，成功的关键都与我们与他们的关系难以分离。

"木匠勉励银匠，用锤打光的勉励打砧的，论焊工说："焊得好。"又用钉子钉稳，免得偶像动摇。"（《以赛亚书》41:7）

供应商是一个很好的例子。你对那些为你提供商品和服务的人很冷酷、苛刻吗？难道从生意中尽量多争取利润不正是大家推崇的典范吗？《圣经》展示给我们更多有关相互尊重和鼓励的互惠关系。

当供应商，销售商之间的关系常常在价格的微妙之间和需求链上下浮动的牵扯下时，建立在对共有利益的理解和尊重之上的长期关系可以是无价的。将这些关系建立在尊重的基础之上并鼓励而不是踩低我们的供应商就是在按照神的方式做生意。那些不常发生的事实将会保证让你脱颖而出，成为客户的首选并通过不同的方式表明你所服侍的上帝的真实愿望。

在一次开展业务时，我有机会去实施很多人认为不合理的慷慨行为。我们拥有很大的现金流，而在我们行业出现季节性、周期性的低谷时，我们的很多供应商都处于挣扎中。我们准备支付所有的月账单，即使这样现金流还是会很稳定。于是我吩咐财务团队提前支付所有的账单。会计师们都感到很震惊，他们立刻给出了十个原因来证明这是个坏主意。唯一的真正成本是资金所获得的利益，而这相对于我们的行为所产生的的影响是如此的微不足道。我们提前两周支付了每个月的账目，还附上一张卡片，上面写着: 感谢供应商提供的支持和服务, 使得我们的业务非常成功。不用说，更多服务和机会还有优惠铺天盖地从那些受到鼓舞的供应商而来。曾经有两个竞争对手问我，当我有这些举措时，我让他们看起来很糟糕，他们让我不要把这变成一种习惯。公司原来在商界只是底线的影响力得到了极大的提高，我们的声誉得到了彻底改善，我们拥有供应商青睐的客户地位，我们在行业受到了青睐，企业得到不断的成长和繁荣。

我们是影响力的掌管者。我们在不同圈子里通过不同的方式来实现神命定我们要做的事。我们借着我们的工作机会来为这该有的影响力做了什么? 当我们向上帝俯首称臣并按他的方式行事时，神将给我们他的恩惠来帮助我们行事为人。他给我们这种影响力所产生的信赖感，不是让我们依靠它而骑在别人头上作威作福，而是通过它实现在我们的工作场所开花结果，将神国的荣耀带到我们的职场。

盐和光

我真的很喜欢《圣经》中所说的我们应该成为光和盐，在这段经文中隐含着如此多的真理。这是其中一篇你愿意反复诵读的段落，然而，就像洋葱皮一样，一层一层地剥开后，每一次都有新鲜的启示。

"你们是世上的盐，盐若失了味，怎能叫它再咸呢？以后无用，不过丢在外面，被人践踏了。你们是世上的光。城造在山上，是不能隐藏的。人点灯，不放在斗底下，是放在灯台上，就照亮一家的人。你们的光也当这样照在人前，叫他们看见你们的好行为，便将荣耀归给你们在天上的父。"（《马太福音》：5：13）

上帝说我们要像盐一样。在物质的王国中，我们发挥着盐在生活中发挥的作用。上帝呼召我们去解决那些需要治愈或是矫正的东西，或去面对那些已经变质的东西。无论我们在哪里工作，无论我们身在何处，总有机会发挥盐一样的作用。我们可以迅速识别坏的东西。问题是，我们该如何应对？我们是选择忽略所看到的错误事物，还是应该在问题一出现时就立马解决？如果我们选择采取行动，那么我们就需要智慧来帮助选择采取怎样的行动。

时机几乎与答案一样重要。如果我们是神的孩子，按照圣灵的指示行事，那么我们应该有信心去解决我们周围那些不符合神之标准的事情。显然，这必须在爱的精神下完成，而不能采用批判的态度。因为耶稣诞生在这个世界上并不是为了谴责。

盐的特性之一，不仅是它的治愈和清洁的能力，也是保存东西的能力。我们内心承载着古老的智慧，它源自代代相传，通过圣灵得以在人们心里实现。我们生来是为了保存完好、正确、圣洁的东西。我们是真理的载体，神之子，我们也是携带传播愈合神与人之间隔阂，神真理的神圣启示、使听信的人获得救赎的使者们。

我们如何像光一样发挥作用呢？也许光最令人震惊的属性是，它以最微弱之躯永远驱逐黑暗。在黑暗的房间里点燃一根蜡烛，就有了光。没有哪种黑暗可以熄灭最微小的火焰。

因此它和我们多么相像啊。上帝号召我们像光一样。有时候，我们会误以为我们的光是微不足道的。每当我们投入到工作中，神圣的圣灵都会与我们同在。正因为他就在我们心中，他就让我们成为了黑暗中的光明。难道我们不该有勇气相信并理解我们所服侍的上帝是无限的，因而我们的影响力也是无穷无尽的吗？

我们身受召唤用光带来启示、温暖和开悟。暴露在光线下就会变得更清晰。只有在真理之光下曝光，我们才能将现实世界看得更清清楚楚。它存在于自然之中，因而也是存在于精神之中。我们可以给工作场所带来启示、真理和光明，只是因为这些是我们从神那里得到的。

光不仅带来光明，驱逐黑暗，还带来温暖。如果我们选择通过批评的方式来交流真理，那么这种交流将是冷酷、强硬并不被认可的。唯有对圣灵的信念及其神的话的宣扬才能让真理通过我们恰当的沟通方式触及一个人的灵魂。有时候，严厉的校正话语非常有必要。但是在大多数情况下，真正的关心和衷心的爱可以通过温暖与透着神的爱触动灵魂。

不要低估打招呼和鼓励话语的力量，要真心实意地对你所有的员工和同事的个人生活感兴趣，特别是那些被其他人忽略的人。所得的结果可能会让你感到惊讶。让我们努力去寻找机会和上帝指派的使命，接触周围人的内心和生活。圣灵与我们同在，他关心工作场所及在那里工作的所有不信者。我们每天都在充分利用神赐给我们的机会吗？它们确实每天都在。

"我们不致消灭，是出于耶和华诸般的慈爱；是因他的怜悯不致断绝。每早晨，这都是新的；你的信实极其广大。"（《耶利米哀歌》3:22 – 23）

每天清晨都能迎来神新的仁慈。他为你制定的计划是以天和小时为尺度。根本就没有束之高阁的圣徒这样一说法。你不能在这场比赛中被换下场。如果你得到了重生，那么你还会进去游戏，或者更准确地说，处在战争之中。这是一个难以忽略的问题——一个人的永恒生命究竟是在什么状态。

它不取决于你的感受或是你最后一次有意识性地犯罪，如果这样，我们都必将失败。这纯粹是以我们从神那里得到的肯定为基础的，《罗马书》8:1-2 说："如今那些在基督耶稣里的，就不定罪了。因为赐生命圣灵的律，在基督耶稣里释放了我，使我脱离罪和死的律了。"

我们可以满怀信心地走入神的殿堂，心里明白是他的公义决定了我们在造物主面前的地位。正是有了这种自信和保障，我们的见证才得以有效发挥。

信誉

信誉源自于以神的方式行事。以他的方式行事，让他决定最后的结果。你不能要求获得尊重和荣誉。信誉不是由你单方面产生的，信誉要靠努力赢得，不能被苛求给予。恐怕每个人内心深处都渴望又被尊重又有信誉这些理想的品格。

这是职务权力和个人权力之间的差异。很多有权力的人得不到他人的尊重。在公司里，有很多人受人尊重却没有职务的权威。如果你想理解信誉，那么你就要明白这个真理。

这些理想品格源于我们的所作所为及我们的反应。这是内在转换的物质表现，也是神国生活的展现。换言之，始终坚守言行一致。如果你这样做，就会得到人们的尊重和信誉。

只有在这个平台上，你才能在生活中获得让人们吐露真言所需要的信任和关系。这是你挣得的权利，不能强加于人。和大多数真理一样，背道而驰适得其反。如果你言行不一致，就得不到尊重，同时也会缺乏公信力。你的话听起来就非常空洞，工作场所的转换总是始于个人的转变。

你可以问最重要的问题诸如: 主啊,你在做什么? 你今天想做什么? 如果我们没有和上帝同行，如果我们不听从他，如果我们无法识别他的意志，那么我们怎么能做成任何有永恒意义的事情呢?

不妨举一个与主有关的例子。在《约翰福音》14:12 中，他说我们会做的比他所做的更伟大的事情：*"我实实在在地告诉你们：我所做的事，信我的人也要做；并且要做比这更大的事，因为我往父那里去。"*

令人难以置信的是，这是一个值得考虑的事实。在圣灵的授权下，我们需要和他一样行事。主耶稣没有利用神性做这些事，所有他在这世界完成的壮举都是在圣灵的作用下实现的。

如果我们只做我们看到神正在做的事情，我们的生活会发生何等样的转变？我们的工作场所又会发生怎样的改变呢？初代耶稣的门徒们处于怎样奋进的状态，我们可以从中受到多么大影响。我们学着像耶稣一样走天路，因为正是来自于他的力量、爱和转型的潜力从根本上影响了我们的世界。你敢相信吗？

显著的信誉是通过成为一个真正具有团队精神的人获得的。一个成功的企业源自很多人执行各种任务的相互作用。不管他或她的任务或角色是什么，都应重视团队的每个成员从而保证有包容性的文化和内部沟通渠道。正如在《哥林多前书》12:14，*"身子原不是一个肢体，乃是许多肢体。"*

就像链条一样，组织中最弱的环节决定了它的强度。通常情况下，平凡的人执行的任务看似普通，但是对一个发展顺利、效益良好的公司来说却是至关重要的。公众和个人对其意义的认可不仅是做了正确的事情——也产生了一波真正的生产力。我们待人的方式和我们对他们持有的荣誉感和尊重，都将直接影响我们所传递的信息和见证是否有效。

如果说在企业中我已经学会了一件事，那就是：总是按照神的方式来行事，让他来决定后果。信誉就是按照神的方式来行事，按他的方式做，让他来决定后果。

我们的见证取决于很多方面。最终还是上帝来做出判定并证实他自己的启示。单凭自己的力量，我们什么都做不了，然而，他赋予了我们救赎的消息。作为使者，我们有责任和特权将福音传递给全人类。

"那报佳音、传平安、报好信、传救恩的，对锡安说：你的神作王了！这人的脚登山何等佳美。（以赛亚书 52：7）

无论你身在何处，都是上帝的有意安排。你并不是偶然被分配到所在的工作场所。对于每天特定分派给你的日常任务和机会，主都有计划和目的。你是上帝的选民，应该在你的影响范围内拓展神的国度。

我鼓励你花时间去寻找他，认识到他存在于你的工作场所，并希冀他在你的工作中显现。

关键经文

"但圣灵降临在你们身上，你们就必得着能力；并要在耶路撒冷、犹太全地和撒玛利亚，直到地极，作我的见证。"

（《使徒行传》1:8）

要点

· 我们都被呼
召去见证。

· 神比你对人更感兴趣。

· 我们受召去展示得到转变的生活。

· 你的基督徒生涯有吸引力吗？

· 成为光和盐是一种选择。

· 在工作中，我们都具备影响力。

祷告

主耶稣，让我来为那些被安排在我身边的人做见证吧。请赐予我一颗爱心去关爱迷失者，赐予我耳朵去聆听你要我做什么。阿门。

第6章

创　造

"呼求明哲，扬声求聪明，寻找他如寻找银子，搜求他如搜求隐藏的珍宝，你就明白敬畏耶和华，得以认识神。"

（箴言 2:3 – 5）

我们的上帝是创造之神，他是全宇宙最伟大的造物主，他甚至创造了"创造"本身。我们按照他的形象被创造出来，因而我们是世界上最具有创造力的人类族群。我们心中因有宇宙的造物主，且被圣灵充满使我们找到了通往上帝宝座的道路。我们是潜藏的创造源泉。若上帝帮助我们克服了困难、设计图纸从设计变成了工程，为难题找到了答案，我们作为神的儿女难道不应享有声誉吗？

我们的创造力不仅源于神的馈赠，也源于我们和伟大造物主之间的亲子关系。他是造物主，我们是按照他的形象被创造出来的，和他相像，具有和他一样的品性。尽管收获果实需要我们辛勤耕作，但他却是创造收获的人。

那么，我们在创新领域的责任是什么呢？我们如何通往这片神圣的领域？毫无疑问，我们被赋予了独一无二的馈赠和天赋。一些人比另一些人更富有创造性，但神已分别分配给我们不同的恩赐，以实现共同合作来达到我们每一个个体需要完成的目标。在我们每一个人生命的目标当中，神都给相应的那部分创造力让我们来应用。

正如我们的恩赐和天赋需要加以培育和发展，创造力也一样。我们的责任是不停止地提升自身对创造型恩赐的应用和提升使创造之源不断被激发。这是神的启示，也是自然演绎的结果。若要获得创新的启示，就要与神相连。引发创造力，继而转变观念的联系，只有与创造力的源泉链接，因为与他的连接是你进入难以想象的与神之间的合作关系的关键。

尽管在他的计划和目标里，他选择了与他的创造对象一起完成他的创造。你和他仍然不是等同的，正如在我们作见证的时候神与我们同工的工作方式一样，他通过我们所说的话语让圣灵来动工，使人的内心看见自己对神救恩的需要。神在我们每个人的内心里激发创造力也是这样。若要见到成果，我们就要辛勤耕作，紧密配合，同时尽最大的努力与创造力的源泉相连。

有一个关于旱季时节两个农民的精彩故事。两个人都信奉上帝，都祈求下雨。其中一人来到自己的田地，站在遭受旱灾、充满尘土的土地上，由衷地向造物主呼喊哭求，泪水顺着脸庞流淌。另一个人也做了同样的事情，但有一点改变一切的明显不同是：他一边祷告神同时也不放弃努力耕种田地。

这两个农民中，上帝的给予是相同的，他们的境况也是一样的。那谁更相信自己的内心？谁更有信心？谁会有收获？下雨的时候，只有一个人做好了准备。机会只给有预备的人们。

我们有用自己的双手辛勤劳作吗？我们在耕地吗？我们盼望上帝带来雨水吗？这些问题很重要，只有你自己才能回答这些问题；但对我来说这是一项持久的挑战。只有当我们与上帝合作，坚定信心，期待主带来创造力、变革的力量以及解决方案，我们才会看见在我们的机遇中神圣的答案。

变革

"因此，我们自从听见的日子，也就为你们不住地祷告祈求，愿你们在一切属灵的智慧悟性上，满心知道神的旨意。"（歌罗西书 1:9)

现在，我们要超出神的供给，见证和自我生命的更新，讨论得更深入一些。本章我们探讨的是我们与上帝合作，达成他的旨意，从而实现共同创造的目的。这一切都关乎与神的合作问题。

我相信我们能够为周遭带来变革的影响。这的确无关乎你的地位、境况或所处的环境，无关乎你是谁、你在哪里、在做什么。马太福音 6:10 的主祷文说：*"愿你的国降临，愿你的旨意行在地上，如同行在天上。"*

在职场中，神的国度是什么样子？你能做些什么去与神合作创造它？当我们每天走在人生的道路上，如果我们是造物主的合作伙伴，就有机会不再认为我们的日常工作为世俗磨难，认为这艰辛难熬，相反我们能够看到神的改变的大能和他的国度降临在职场中。如果我们听从于他，按照他的旨意行事，他就会让我们从他的视角来洞察事务。

我见过神在最糟糕的情况下将环境彻底地翻转。他可以拯救一个几乎无药可救的商务环境，并重建其盈利能力，带来成长、积极的文化以及成功。我清楚地记得在我担任一个新职位的第一天，看见集团公司的重大损失和太多的问题突然势不可挡的压下来，几乎让人无法承受。很多人下了定论："这是不可能改变的了。"这是"难以飞跃的桥梁"和"无法胜任的任务"。

但对于神来说，一切皆有可能。

"我靠着那加给我力量的，凡事都能作。"（腓立比书 4:13）

不要将圣经看得过于虚无缥缈，空灵不可触摸；它实际、朴实，在日复一日真实世界里不停的让我们从重压中得到释放。当我们遵守原则，接受圣灵的指导，我们将收获远远超出我们想象的果实。

每一次胜利、每一次销售佳绩、每一个新来的订单都是我们迈向成功的一个部分，这一切都是上帝的安排和策划。如果我们了解了真相，该会是多么感激和虔诚啊！神确实与我们一路同行。早晨起床时，他与我们同在；晚上睡觉时，他也一样与我们同在。花一点时间，想一想自己最喜欢的一首赞美诗。让真理涤荡头脑，焕新思想。

"（大卫的诗，交与伶长。）耶和华阿，你已经鉴察我，认识我。我坐下，我起来，你都晓得。你从远处知道我的意念。我行路，我躺卧，你都细察，你也深知我一切所行的。耶和华阿，我舌头上的话，你没有一句不知道的。你在我前后环绕我，按手在我身上。这样的知识奇妙，是我不能测的。至高，是我不能及的。我往那里去躲避你的灵。我往那里逃躲避你的面。我若升到天上，

你在那里。我若在阴间下榻，你也在那里。我若展开清晨的翅膀，飞到海极居住。就是在那里，你的手必引导我，你的右手，也必扶持我。我若说，黑暗必定遮蔽我，我周围的亮光必成为黑夜。黑暗也不能遮蔽我使你不见，黑夜却如白昼发亮。黑暗和光明，在你看都是一样。"（诗篇 139:1 - 12）.

我们常常相信上帝存在，于是会在固定的安静时间或祷告时间与他交流。但在这些特殊的时间之外，他并不会离开。每时每刻，他的计划和旨意都在执行。朝九晚五的工作是你一天中最大的组成部分，同样，这对上帝来说也毫无疑问是最重要的。无论是看似平凡的事情还是神圣宏伟的事情，上帝都一如既往地发挥作用。

在你没有认识到你的工作时间占据了你人生最大一部分这件事之前，你可能很难相信你生命中神做工的最大舞台是你的职场。那么当神选定你并为你的存在指派了属于你的任务，神一定会分配给你时间，注意力来完成，那么我们被装备好要做的神的工作难道不应该首先体现在我们职场的服务上吗？

只要你与神同行你就一定会有它赋予你的更新的能力。主的创造力会让你对你的工作环境产生积极的影响力，使得你能够拓展神的国度。

想象你的职场成为一个开放的天堂。神的旨意对你的同事来说会是什么呢？上帝当然会期盼也与他们建立私人关系。同时他会对你每日的实践经历也充满兴趣。只要我们花点时间邀请他来到我们的生命中，他就会在生命中的各个方面带来多种多样的改变。

成长

职场更新的标志之一就是成长，健康就会成长。上帝同在之处就有成长。当我们看见健康的植物或动物，它们一定是苗壮成长并且开花结果的。上帝不仅让事物在自然界成长，也在超自然界成长。

任何健康、平稳的成长都需要外力的加入，有些事在进步之前，会先退步；而修剪是健康成长所必须的，割舍掉不属于神的部分常常看起来是很大的挑战并且带来不确定性，但是它却实在是带来健康成长的基础，只有修剪枝节才能释放整棵树的丰硕。

"你们又忘了那劝你们如同劝儿子的话，说，我儿，你不可轻看主的管教，被他责备的时候，也不可灰心。因为主所爱的他必管教，又鞭打凡所收纳的儿子。你们所忍受的，是神管教你们，待你们如同待儿子。焉有儿子不被父亲管教的呢？管教原是众子所共受的，你们若不受管教，就是私子，不是儿子了。再者，我们曾有生身的父管教我们，我们尚且敬重他，何况万灵的父，我们岂不更当顺服他得生吗？生身的父都是暂随己意管教我们。惟有万灵的父管教我们，是要我们得益处，使我们在他的圣洁上有分。凡管教的事，当时不觉得快乐，反觉得愁苦。后来却为那经练过的人，结出平安的果子，就是义。"（希伯来书 12:5 – 11).

创造商业增收是最大限度地利用资源，捕捉并增加契机。"成长"这个词的真实意义是创造力的自然结果。当上帝开始创造，成长随之产生。当我们寻求侍奉他并且听从他的时候，在我们的生命中就可以收获他所栽种的果实。

在职场发展中，我们正是上帝的合作伙伴。若我在一家公司任职，我就会具有一定的影响范围。无论我在什么职位，都有机会邀请上帝进入我能够驾驭的范围之内，他会非常乐于接受。尽管他很希望介入你的职场，但他仍选择当一个绅士，等待被邀请。邀请他吧，然后你就站在他的身后！哦，必须明确指出的是，他的方式是罕见的，彻底有别于我们的方式，所以你不要固执地坚持你的设想。

经历成长是一个良性循环：成长伴随着动力，动力伴随着成长；我坚决相信活力的势头。如果你能够鼓励并创造一种激励机制在其中一定会有涵盖成长的文化，你的职场将充满活力的势头。这个势头会给职场带来动力，小问题就会消失。人们在拥有清晰的异象并乐意彼此团结协作给对方带来能力的释放时，这会给企业创造一种成长和高效产能的文化。这种势头能使一个企业处于战无不胜的状态。

约翰·麦克斯韦出版的《领导力 21 法则》[7]中，将动力比喻成一辆火车。当火车快速行驶时，它可以穿透一堵厚厚的钢筋混凝土墙。同样的火车在停驶状态下，对车轮前面的一块小木头都无能为力。这确实是相同的火车，但没有动力，就不会产生任何效果。他还指出，一家公司在动力充足的时候，就会拥有强大的能力，可以轻松地处理问题。

---

7 《领导力 21 法则》, 约翰·麦克斯韦, 2007, 托马斯·尼尔森

但若没有动力，公司就会瘫痪，哪怕一点小问题都无法逾越。

当动力和成长两者兼有时，你就有能力处理关于效益增长、资本、现金流量和产能限制等问题。上帝会指引你答案。

异象

箴言 29:18 里说："没有异象，民就放肆。惟遵守律法的，便为有福。"另外一种译文是这样说的："没有异象的地方，人们即会灭亡。"（KJV）有清晰的目标当然很重要，如果嘹亮的号角声连续不断，人们就能按照明确的方向调整决策。

异象可以体现在很多方面，甚至采用非常规、奇特的方式。但我们一定要参透它，并用在真切而实际的感觉中。我很喜欢 Dilbert（迪尔伯特）（又名 Scott Adams 斯科特·亚当斯）对使命声明的描述："一个长的令人尴尬的句子往往表现出管理层并不清晰的思路。"

异象应该怎样呈现？这里有一些关键性的因素：应该写下来；在你的大脑里，没有人会知道。它需要被明确说明，言简意赅，容易记忆，并且适用于每个人。凡经过之人都能看到它，因此要一览无遗；简单，便于理解；不必为了看起来可信而使用夸张的语言。这些指导原则是从哪儿得来的呢？来自于上帝的旨意。

"他对我说，将这默示明明地写在版上，使读的人容易读。"（哈巴谷书 2:2）.

异象宣言、公司使命或目标，不管你选择怎样称呼它，有多清晰呢？根据上述要求做个测试吧。一个朴实、简单、方便阅读、有效、清晰的异象包含了多少属神的智慧。

但如果你不是企业的领导者呢？异象或使命并非是公司每个人的权力。你可以对你要做的事规划一个异象。这需要来自上帝的启发，当你花时间与他同行，寻求他想要的，上帝会将他为你所设立的异象给予你。

若你明白主的意愿，你将充满信心地向主祈求他所要你去达的异象。在你所有的事务之中，花时间聆听主的教诲是很重要的，你也许会惊讶于你所听见。我们通常会将自己束缚在自己所拥有的能力范围，而非向主寻求帮助，开发我们的潜能。

清晰的异象是指路的宣言，也许更是一个遥不可及的终点。但是它指明了方向，拥有明确方向的力量使得一个平等、开启创新和潜能的文化环境成为可能。对每个人来说，当你明确地知道你将要去哪里是非常重要的。

"以致她找不着生命平坦的道。她的路变迁不定，自己还不知道。"（箴言 5:6).

你要去哪里，你想努力实现什么，你希望你的公司未来能达成什么样的目标？我们都需要方向所以我们可以专注，突出重点、分配资源、创造异象及动力。如果我们不知道要去哪里，我们怎么能知道何时才能到达呢？

不要漫无目的的徘徊，祈求主给予明确的方向。我们的命运，是神的创造但是其中一部分是需要与主合作的，要聆听他的旨意，用信心、祈祷和行动来影响我们身处的环境。

如果我们不了解，我们怎能服从？如果我们不聆听，我们怎能了解？这看似浅显的道理，在残酷的商业环境中却是冰冷而坚硬的事实，我们真的能花时间聆听上帝吗？

也许当你阅读本书时，有些事你刚刚才开始意识到。也许你已经和主同行了一段时间，此前你也许聆听过他的声音，但你可以更为深入地每日与天父同行，聆听主声。

祷告

祷告对于创新变革的各个方面来说都是至关重要的。要共同创造，必得聆听主的声音。我们在职场中应当期盼聆听到神的声音，就像传教士或牧师能聆听到主的旨意一样。神同样对职场中的人讲话。

我们有多种方式聆听主声，接受主的指引。透过神的仆人的预言、周围环境变化的启发、神的话语、人们的忠告、心中那"微小的声音"、内心的平安、异梦、异象甚至是探访之人都可以引导我们。

约耳书 2:28 中写到：*"以后，我要将我的灵浇灌凡有血气的。你们的儿女要说预言。你们的老年人要作异梦。少年人要见异象。"* 就个人而言，我更喜欢异梦而非异象，尽管按照时间的排序我更倾向于异象。如上帝一直所做的，他昨日今日都仍然在职场中引领他的子民。

如果这一切对你来说有一点新鲜感，或者你有一段时间没有聆听主的声音，为什么不向主索求指引和启示，问他："我是谁？你想让我做什么？我身在何处？今日，现在，你在我的生命里做什么？"

有些祷告是求神来明确我们的定位、希望看见改变、人生基础的奠定。这些祷告是为了明白你在上帝心中，你究竟是谁，他对你的人生的计划和目标是什么，这些都是我们一生的追求中会逐渐了解到的，

他会向你渐渐地展示接下来的根据你的自身特长而设计的每一步。

在神给我们的智慧中，有的是让我们在日常生活中站得稳当的很实际的应用型方案，有的是启示性的。什么是启示性的洞见？就是来源于神的美好开启。试想一下这样的现实会带给你带来些什么呢？设想你有一个特别的渠道认识一个知道每件事、每个人，能够看透未来的主，他是向着你的。这会给你的生命带来怎样的自信和力量！所有神的子民都应该听到天父的声音。这并不是精心挑选的只为少数几个人所预备的礼物；而是我们所有人能够并需要走的一条与神同行的道路的必然产物。

我们绝对享有与主沟通和交流的特权，但是我们经常轻看神给的这份礼物。若你在工作中需要指引，记得他非常关注你的工作和生活。想象一下与最高级别的商业大师交流的机会。你会放弃和巴菲特或盖茨共处一小时的机会吗？那么你怎能够轻视与这一位知道的远远多于任何终极商业大亨，能力高于一切商业巨人的深度沟通呢？为什么不花点时间与主更深地相处，获得他给你的启示？

聆听主声

"只等真理的圣灵来了，他要引导你们明白（原文作进入）一切的真理。因为他不是凭自己说的，乃是把他所听见的都说出来。并要把将来的事告诉你们。"（约翰福音 16:13).

为了使工作更有效率，我们需要聆听主声。若我们顺服于神，认识到他渴望介入我们的职场生涯，那么我们就应期盼得到他的指引。他很乐意与我们交流，这一点无需我们去费力争取。

全篇圣经中，人们与神相处并交流，聆听指示、得着神的应许、被神管教，从他人那里得到神的话语或者神借着你为他人传递神的话语。通常主的旨意是非常精确又包含了很多细节。当一些人正在走过环境所带来的挣扎，另一些人可能正看见天使，还有一些人拥有异梦和异象，或者收到敬虔之人的劝告。神通过不同的方式在不同的时间以同样的爱引领他的子民。

如果上帝如圣经希伯来书 13：8 所言的"耶稣基督，昨日今日一直到永远是一样的。"我们就理所当然的应该期盼聆听到他的声音。他经常在指引、指导并启发我们，而我们常常是漫无目的、无知地飘飘荡荡。可是，神要求我们与他亲密同行，聆听他的声音，将他给予我们的资源和祝福用以影响和传递给周围的人。那么怎样才能在实际生活中这样去做到呢？我可以提供一些根据我曾经历过的，并看到别人用这种方式这么做的简单步骤吗？

首先，将你的工作和生活交付于主，邀请主参与，并期待他关注。我们都被自己特有的世界观影响着，这使得我们的观察力，以及所看见、听到和经历的一切都带着这种世界观的印记。我们的大脑一直在过滤信息。我们的感官感受远远超出我们能够关注的领域。举个例子来说，当你买了一辆新车，你突然发现你会很快看见路上行驶的其他车辆中有很多和你的车相似，而这些类型的车你以前从未注意过。这一切都取决于你关注的方向。这条原则同样适用于工作时的上帝之手对你的牵引。在职场上，只要你希望见到上帝的影响力，你就会专注于他并且看见他在你工作上所带来的影响。

我们来看看职场中上帝与我们沟通的一些方法吧。若你现在已将你的工作交托于主，他会与你一起来处理好你的境况。

"圣灵既然禁止他们在亚西亚讲道，他们就经过弗吕家，加拉太一带地方。"（使徒行传 16:6）.

你有注意到平日生活与工作中的巧合吗——意料之外的答案或巧遇。寻找似乎事先安排好了的事。注意对你关闭的门，有些机会会被推开，另一些则会留下。寻找上帝之手。保罗在这节经文中描述他进入亚洲受阻，并认为是上帝关上了门。

倾听内心那个平和而又宁静，圣灵微小的声音与你的灵魂交流。你真的对一笔交易或一个机会感到不安宁吗？学会从积极方面、警觉中去体会内心平安。

上帝也会用更直接的方式向你展示他的意愿，你会感叹于他竟能够这么直接地指引你。这与最早期神指引传道者在中东的街市传福音建立教会没有什么不同。

"我要教导你，指示你当行的路；我要定睛在你身上劝诫你。"（诗篇 32:8）.

我们有限的头脑实在很难去理解为什么全能的上帝会想要与他所创造的人亲密合作。他这么做并不奇怪，当人们意识到自己的罪，接受耶稣为救主并奉他为主的时候，神就一直在不间断地带领这些子民。

除了通过境遇和内心的平安去聆听，还有一些更直接地引导你的方法，神活生生的圣言可以通过你阅读他的圣经经文时进入你的心中，真切地影响着你。如果你定期阅读圣经，你要祈求圣灵借着神的话语来彰显他的旨意。通常，神借着你阅读圣经时对你说话，你会发现一个章节几乎要从页面里跳出来让你没法移开你的注意力。如果你有这样的经历，那么祈求圣灵通过这段圣言向你揭示他给你的指引吧。

有时候，在别人所说的话里，突然有一点让你难以忘记地抓住你的注意力，你的心感到被冲击。这时你要问问上帝，他是否在对你说什么。这种启示式的经历和言辞通常是你已经对你的决策或者重要方向的有了内心平安之后的确认。

但是，不要轻视上帝非常戏剧性地干预。他能够而且确实会通过预言、异梦、异象甚至是天使来说出他想说的话——这并不像

听上去那么不可理喻。我们正肩负重要的使命，并处于一场属灵争战中。这些都是主的日程中很重要的部分，当我们服从主的意愿，并甘愿俯首，将权力交给主，主会在合适的时候介入的。

多年来，我学会了给予别人的付出更高度的重视。不要忽视真诚的劝告，听一听主安排在你身边的人所说的话。他将他们安

插在你的身边是有原因的。比你年长而又已经经历过你现在处境的前辈能为你带来智慧之言与真知灼见。

如果我们变得更加像主一样，我们也能够成为他的特使。我们所携带的信息并非是生理上的，而是精神上的。我们的信息如果要有分量，就需要属灵上的领悟和分辨，需要圣灵在我们里面持续的内住和引导，给予我们能力和权柄。我们的目标是以基督耶稣的心为我们的心，这并不是说我们会变成他的傀儡，而是帮助我们实现所有的神所赋予的内在潜能，并成为主希望我们变成的样式。

"只有神借着圣灵向我们显明了。因为圣灵参透万事，就是神深奥的事也参透了。除了在人里头的灵，谁知道人的事。像这样，除了神的灵，也没有人知道神的事。我们所领受的，并不是世上的灵，乃是从神来的灵，叫我们能知道神开恩赐给我们的事。并且我们讲说这些事，不是用人智慧所指教的言语，乃是用圣灵所指教的言语，将属灵的话，解释属灵的事。（或作将属灵的事讲与属灵的人）然而属血气的人不领会神圣灵的事，反倒以为愚拙。并且不能知道，因为这些事惟有属灵的人才能看透。属灵的人能看透万事，却没有一人能看透了他。谁曾知道主的心去教导他呢？但我们是有基督的心了。"（哥林多前书 2:10 – 16).

若是我的想法总能符合神的旨意，该有多好！若是我具备知道神的意愿的神洞察力和认知力该有多好！看看圣经箴言 16:3 中所说："你所作的，要交托耶和华，你所谋的，就必成立。"

那是真的吗？难道真的那么简单吗？若我们将工作交托给

主，信任并托付于他，他会让我们沿着他所愿的方向来思考。为什么？如此一来，你的计划将会实现，你就会取得成功！

这条好消息简直让我不能自持。但是这是神的应许！若我们信任他，他会让我们的心向着他为我们所定的意愿。我们知道若我们走在他的心意中，他定会引领我们。当我们将工作托付于他的时候，该是多么令人欣慰的事啊。他会使我们不仅能听从他，还能使我们的思想变成他的思想，我们将真正地拥有基督的心。

"你所作的，要交托耶和华，你所谋的，就必成立。"（箴言16:).

当你正制定计划，该法则也同样适用。邀请主介入你所做的事，他可能会有不同于你的事项。在祷告中考虑任何重要的决定，并寻求他人的智谋。

在你觉得合适的时候用特定而明确的方式将你的事务交付于他，并且是你感到平安的方式来交托。这样做主的祝福会降临，主的智慧会得胜。这也将坚定你的自信心，知道主才是掌权者。你会开始发现此前未出现过的机会，也会被事情的有序进行所震惊。在困难时期，你将工作交付于主，主会与你同在。

为什么不立刻花点时间祷告呢？"天父啊，我将工作托付于你。引导我吧，照着你所定的旨意安排我的计划，奉耶稣基督之名，阿门。"

替人代祷是有特定的目的的。我们一直在强调专注于主向着我们自身的心意。在职场中，我们也被赋予机会将别人及他们的境况呈现在主面前。在教会里我们替他人代祷，在职场同样可以这样替人求告神。

耶稣传道，对教堂之外的人同样心怀怜悯。他在商场、马路、店铺、街道以及不信教的家庭进行布道。所有我们讨论过的关于我们自己的境况和听从主的教诲，也适用于其他人。我们被神呼召就是要成为他人生命的祝福。当我们使用神所给予的能力和权柄来为他人造福时，我们可以将生命气息带到他人的环境中去。主爱世人并愿意为他们献出生命，他也确实为我们这么做了。那时他为虔诚的人们留下了最为生动的榜样，我们应牢记并且效法他正如我们牢记主的名一样。

和解

关于创造，它有一个方面你可能不会视为有创造性。我们可以创造和解。这与我们作为盐和光的角色是一致的。它具有创造性只因它形成了新的关系，但是，执行解决问题的过程也是证明神的洞察力和创造力的机会。这并不是只有专家能做的事情。你不必穿着施洗约翰的衣服，吃着蝗虫和蜂蜜才能作此事。我们被称为和谐的传道者，使人和睦的人有福了。在任何行业里，都存在大量做和平使者的机会。

"一切都是出于神，他借着基督使我们与他和好，又将劝人与他和好的职分赐给我们。这就是神在基督里叫世人与自己和好，不将他们的过犯归到他们身上。并且将这和好的道理托付了我们。"（哥林多后书 5:18 - 19).

做和解的事工是指什么？纯粹地说，就是将他人带到基督面

149

前，让他与神和好。但是，我相信这一使命包含更多的内容。

当我们在教堂布道时，能触及到的只是极少数人；但在职场上见证并交流信仰，将影响大多数人。如果我们想看到神的大能使许多得到救赎，那是因为我们将福音带出了教堂，带入了真实的世界的每一个角落。

我们有一个来自于耶稣所给予的使命，和他的门徒将福音带入世界各地的先例。让我们追求这样一种生命吧——让我们的生活处处体现出我们所侍奉的神的印记。我们活出一个改变了的生命是非常重要的。这不是为着我们自己的缘故，也不是我们自己的能力所能及的，而是要依靠能让万物转变的神来确保我们变得更加像他。

"我深信那在你们心里动了善工的，必成全这工，直到耶稣基督的日子。"（腓立比书 1:6）.

神在万物中都有他的善工，无论是大事小事都同样适用。当下，政府的影响力不及市场的影响力。全球企业超越国界，经济和贸易在其好的方面也在其坏的方面影响世界的走向，决定着全球的稳定繁荣和衰败。让坏的生意得到翻转必须放在首要位置。和好的事工可以囊括从小公司内部员工的极小的争吵到大规模的创造性地使经济和谐。

最近的全球金融危机也是经济上的信仰危机。如果自由贸易和金融自由化的前景能够牢靠地设定在伦理、适度、社会良知和财政责任的框架内，我们的经济形势当然会更好。那不会是一个每个人都盼望着的更好的世界吗？

你的事工可以为你的家庭、企业、员工和管理、行业以及市场带来和解。展示出道德和慷慨，走得更远一些，花点时间分享你的信仰，这样会对你周围的环境造成的良好影响。当你在做工时服侍神和他的旨意，圣灵会赋予你能力并引导你。你确实可以创造一个积极的环境，让神的国度降临于世。这种具有创造性的影响力是我们每个人都可以去实现的。

在你的日常工作中，和解的事工听起来就像是一个夸张的职称。但是，我们经常需要与自己和周遭的人迅速和解。我们该如何处理那些与我们不和的人呢？包括惹恼了你的同事和咄咄逼人的老板。不幸的是，尽管有时我们非常想争辩，但上帝永远是正确的，他在彼得后书 3:9 中明确地说："*主所应许的尚未成就，有人以为他是耽延，其实不是耽延，乃是宽容你们，不愿有一人沉沦，乃愿人人都悔改。*"

对那些诅咒我的人以德报怨？你在开玩笑吧？寻找那些恨我的人并祝福他们？你疯了？以德报怨似乎没有任何意义，但上帝与我们不同，他有更为深刻的见解。若我们将生活托付于他，我们就要信任他，按照他的方式行事。这并不容易，确实，这是一条更难走的路，但却是一种更崇高更智慧更受报答的路——真实而纯净。

被一个更高的目标所鼓舞，应该使得我们能够抛开自己的琐事和偏见，为了更大的利益而努力。若选择用神的方式行事，我们将得到主想要的结果，且主的方式总是优于我们自己的方式。

通常情况下，和解很自然地都是在有敌意的当事双方之间进行。我们该如何去处理与那些通常情况下我们不会花时间去考虑的人与我们的人际关系？谁会替那些连自己都辩护不了，或者不为自己辩护的人做辩护呢？谁会去扳正那些渗透在我们的职场、商场和社会中不公平，而又不面临挑战呢？

"你当为哑吧（或作不能自辨的）开口，为一切孤独的伸冤。"（箴言 31:8）.

若你在企业中处于领导地位，则上帝赋予了你影响力。你将如何使用它呢？你会用它来祝福自己及家人吗？是的，那很好。或许你会用它来祝福公司或教会里的人，那也很好。但是那些在社会上没有发言权，没有影响力或资源的人呢？谁为他们说话？他们的声音将如何被听见，正义怎样才能得到伸张？

你得到了圣灵，因此不管你在社会上处于什么位置，不管上帝将你放置在何处，你都拥有属神的影响力。他给了你权柄。无论你是清洁工还是 CEO，在上帝的眼中都是平等的。你实质上拥有了主的恩膏和同在，你还需要多大的权柄？

"我已经给你们权柄，可以践踏蛇和蝎子，又胜过仇敌一切的能力，断没有什么能害你们。"（路加福音 10:19）.

通常，我们都会从自己的世界观和自己的角度去观察生活，不明就里地忽略其他人的存在，殊不知世间还有比我们不幸的人。我们有这样的职责——重新审视世界，并询问自己的心灵，我们如何能提供帮助。你可以有所作为，做和解的事工，并在创造性的上帝赋予你的全然的创造力下实施。

恩典

美好的祷告生活将给我们带来恩典——不仅是神的恩典，还有来自于人的恩典。这两样事情并不是相互排斥的。神可以通过他所设计和赐予的机会来恩待我们。神当然也给我们洞察力分辨机会，在神没有难成的事。但愿我们了解他极其浩荡的恩典。我们是与他一同坐在天父右边的。

我们在基督里，这令人惊异无比的事实远远超出我们的想象力和理解力。我们在主的身边是有位份的，在神眼里我们与基督地位平等，因为我们在基督里与他一起。我们被神用基督的宝血洗净了。当主看着我们时，他看不见我们的失败，他看见了耶稣基督的公义。这不是由于我们的所作所为，而是因为我们天父纯粹的、完全的、彻底超乎想象的恩典和无限的慈爱。

紧紧跟随主的脚步能创造一种神奇的氛围，它可以改变心境与环境。有时，在我们出现或者逗留的地方，我们的存在本身就能够消除反对意见或带来解决办法。这并不值得我们夸口，因为功劳不归我们所有；是在我们心中的圣灵，他的降临简直可以移山填海。

"但耶和华与约瑟同在，向他施恩，使他在司狱的眼前蒙恩。"（创世纪 39:21）.

耶和华神展示了他的美善和恩惠，有谁不想得到神更多的恩典呢？我们做为遵循主的意图、服从主的旨意的人能够祈求他的恩惠，这在生活中的方方面面都可以得到体现。比如抵抗会消失，心中惯于反对我们的会转变心思意念，我们甚至可以期望在我们以上掌权的施予我们恩典。勇敢点吧！为何不寻求主的旨意和他的恩惠？你也许会惊讶，他有多想为着你的好处去实现他的旨意啊。

伴随恩惠而来的是机会，寻找机会去为别人忠诚。这也是我们个人成长、发展和变革之旅的一部分。主会将我们安排在能够证明我们成长和忠诚的地方，通常会是在平凡不起眼的任务中。在主的眼中，珍贵的责任感和忠诚度是成熟的标志。当我们在小事上证明了我们的忠诚，我们将被赋予更好的机会。

"主人说，好，你这又良善又忠心的仆人。你在不多的事上有忠心，我要把许多事派你管理。可以进来享受你主人的快乐。"（马太福音 25:21).

你愿意分享主的快乐吗？他是所有幸福、快乐、喜乐的缔造者。分享幸福是密切和关系的标志，天父对我们的爱是何等的美好！正是对爱和基督为我们献身的理解，使得我们的信念可以牢牢的通过工作而扎根于职场。这并非出于去取悦一个愤怒、任性的偶像，而是忠实地侍奉一个爱和给予的神。

当我们证明些微忠诚后，我们总是被赋予更多。这是一种在职场上我可以证明的属灵法则。我们拥有来源于主的我们无以回报的，我们完全不配得到的恩典，是他在他的怜悯与恩惠里决定施恩于我们。我们拥有他的恩典并非因为我们做了什么，或者我们是谁，而是因为他爱我们，他牺牲了儿子使得我们坐在天父的右手边。

正如我们收获了上帝过分的恩宠，他可以让我们在工作中从有权威的人或其他利益持有者那里获得恩典。他有能力转变人心而使得我们获得恩典，这就是上帝的恩宠。他打开了门，就没有人能关上；他能转变无人能转变的人心，并在转瞬之间改变最顽固的人的想法。

一个总是想要将最美好的事物赐予我们的上帝，能为他服务是多么荣幸。他是无所不能、无所不在的神，一切荣耀和敬拜都归于他。而他却是如此乐意地成为卑微的人的朋友并且以最亲密的方式对待世上最谦卑的人。

"王的心在耶和华手中，好像陇沟的水，随意流转。"（箴言 21:1）.

神具有改变人心的力量。他有能力在一群人中独独给予你恩宠，并乐意为他的孩子们打开大门。作为他的追随者，你有权向他恳求他的权柄和恩典。他也许会说"不"，也许他会为你打开一扇关闭已久的门。做为有限的人，我们经常不了解主为我们所准备的一切，所以我们要选择相信他给的答案是最好的。

在你尽力侍奉他的时候，为什么不在今日就恳求他，让他加给你力量和能力，使你与你的工作更加有果效。正确的恩惠在正确的时候出现能够带来突破性的变革。有时我们看到一种可能或者机会的曙光时，心里也许会说："这绝不会发生。"但上帝是让突破发生的上帝，他具有难以预知的强大的能力去改变人心，给予你异乎寻常的恩宠。如果你恳求他也许你会得到令人惊讶的结果。

洞察

有多少次我们问："要是我们了解更多的情况该多好。要是我们了解其他公司在考虑什么，客户们真正的需求是什么，如何让坐在桌子另一头的利益相关者们参与进来，那又是怎样一番景象呢？"通常，我们需要的是更加全被的对事对人的认识。想想看如果人无所不知，无所不晓，能读懂他人行为动机背后的含义，预见未来，通晓过去，明白人内心的真正的心思意念，而且用宏观的眼光看待错综复杂的事情的一切隐情，这样该有多好！能做到这些的只有一位，而他给予我们通道去联络他。

我们无法如上帝一般知道的那么多，他也绝不会给予我们完整又透视一切的视野。他的道路高过我们的道路，他的目的与意图，我们只能隐约了解一些。然而，若我们与上帝保持亲密，我们便有能力洞察和分辨平时我们无法看到的。在不同的时机，当他要借着我们实现他的意愿时，他乐意将恩典给我们和我们周边的人们，使我们得着超乎我们平时所没有的洞察力。

多么无法言喻的特权，能够聆听我们的天父。是谁如此令人敬爱而亲近我们却又如此强大？我们确实在侍奉一个令人敬畏的神。

"呼求明哲，扬声求聪明，"（箴言 2:3）.

这段经文蕴含的深意是，得到对事物的正确理解和智慧就像人们探寻金银一样，是需要付出辛勤的劳动、汗水和奉献方能获得的。为了获得洞察力而付出的代价，会超出我们的承受范围吗？我们会付出这代价来寻找上帝那无上的智慧吗？那是多么荣幸能进入到这深不可测的神恩典的宝座前面啊！

在大卫·麦克拉肯所著《坚强的心》一书中，他巧妙地描述了扫罗和大卫之间的差异。他解释说，扫罗被神选中是由于他的角色，大卫被神选中是由于他的内心。多么惊人的见解啊！大卫与主的亲密关系使他有资格接受国王的膏抹礼，而扫罗被施膏抹礼，因他能够行使这样一个角色。这就是两者的根本不同。

麦克拉肯规劝我们建立与神的亲密联系，*他说"对天父彻底诚实透明，渴望他的同在，服从他每日的旨意，并勤于祷告，坚持学习并专注于他的话语。"[8]*

这些基本的事情在我们繁忙的生活和例行事务中很容易遗忘，但大卫·麦克拉肯如此强有力地表达说做这些事是我们能更紧密地与主相连的必须。这给我们的不仅是神的圣灵膏抹，而且让我们获得因为他的恩惠和与他的亲密而得的非常的见解。我们要真正在日常生活中聆听上帝的话语，则需要进行日常训练以保持与神的亲密关系，花时间用心聆听，听从上帝的教诲。

8 *《坚强的心》,大卫·麦克拉肯,2010,大卫·麦克拉肯牧师*

恢复

恢复这一词蕴含有某种强大的力量——恢复所有美好的事

物。有失必有得，有疾病的地方就有健康，有短缺的地方必有富足。

恢复失丧或者被盗走的事物——这个概念的本质就是这样。恢复是奠定神之国根基的基本法则。主祷文告诫我们要祷告："愿你的国降临，愿你的旨意行在地上如同行在天上。"这就是将地上的生命的本体恢复如天堂上的生命一般美好。

我主是恢复之主。自创世以来，上帝就计划让人类与他的关系以其子之死来恢复从而使我们成为他的式样，这是恢复的最佳案例与展示，这是最纯粹的恢复，它源于天父的爱，出于他与众不同的本质和天性。

圣经中满是关于恢复的故事。这是上帝的一个最伟大的品质。若我们看见他的国度建在我们的职场中，我们就会看见恢复。人们、关系、财政、文化、工作、生活的各个方面的恢复，都见证着上帝之手的功劳。

我们是有罪的，我们在罪恶的环境中工作。我们的工作场所以及更大范围内的职场，本质上都昭显着一个堕落的国度。基督徒作为盐和光，我们的任务是恢复已经堕落的，包括关系、标准、人类和我们所遇到的所有在上帝得以恢复他的国度的力量范围内的事物。

上帝在做恢复的事工。他可以恢复心灵、生活、家庭和命运。他能够恢复你所失去的一切。他在你身边时，你的生活会发生改变。有时，恢复甚至就在你眼前发生。

"那时，我必领你们进来，聚集你们。我使你们被掳之人归回的时候，就必使你们在地上的万民中有名声，得称赞。这是耶和

华说的。"（*西番雅书 3:20*）.

他能带来慰藉、奇迹、根本性的修复、神的重建以及迅速的和解。没有人或事物的修复能力能与上帝比肩——任何人、事、状况都不能与全能神媲美。听上去很简单，但是有时，我们就是会忘记上帝真正的能力。

其他情况下，这可能会变成漫长、艰辛、缓慢而枯燥的过程。在这样的情况下，分辨会是我们最重要的武器。我们需要聆听上帝的圣言，并明辨我们是该去战斗还是忍受——打一场无谓之战只会耗光你的精力。

以我们自身的力量，我们什么也做不了。而腓力比书 4:13 说："我靠着那加给我力量的，凡事都能作。"他能战胜我们的软弱。当我们不依靠自己，而是完全依赖他时，他真正的力量就会显现在我们身上。

"*他对我说，我的恩典够你用的。因为我的能力，是在人的软弱上显得完全。所以我更喜欢夸自己的软弱，好叫基督的能力覆庇我。*"（*哥林多后书 12:9*）.

有时挑战如排山倒海般压来，但对于上帝来说，没有什么不可能。他是勇于突破的上帝，他能恢复任何事物。

"*那时，我必领你们进来，聚集你们。我使你们被掳之人归回的时候，就必使你们在地上的万民中有名声，得称赞。这是耶和华说的。*"（*西番雅书 3:20*）.

在职场行恢复的事工并成为上帝的助手是一件多么荣幸的事情啊。我们能成为他计划中的一部分，并见证他国度的扩展。当这一切发生的时候，职场就会变得更平等合理——会成为人们向往的地方，也将变成高效的场所。我们都受神的呼召在我们具有影响力的领域培育出果实。

当我们与创新的意志相伴，并听从圣灵的指示，我们就释放出了天国的影响力和洞察力，而我们也将实实在在地见证上帝的影响力和他国度的建立。好点子和创新，突破和成长将涌现出来。当我们谦卑地遵从着天父之言，我们就将见证和解与恢复。上帝既然愿意与我们凡人为伍以实现他的目标，而我们能服侍这样的天父是多大的荣幸啊！

关键经文

"呼求明哲，扬声求聪明，寻找他如寻找银子，搜求他如搜

(箴言 2:3 – 5)

要点

· 我们拥有上帝的创造力。

· 我们有能力改变。

· 我们拥有基督的思想。

· 好事会成长。

· 我们需听从侍奉。

· 我们是和解的传道者。

· 上帝从事着恢复的工作。

祷文

主啊，帮助我听见并执行你所说的，带着你变革的力量来我的工作之地，让你的国降临。奉耶稣基督之名，阿门。

第7章

崇　拜

"无论作什么，都要从心里作，像是给主作的，不是给人作的。"

（歌罗西书 3:23).

当我说到崇拜的时候，你想到了什么？脑海中浮现出什么样的景象？显现出美丽的建筑和唱诗班的画面？也许你想到一群人举起手，向主歌唱的情景；也许是寂静虔诚的祷告和敬拜的景象。通常，我们会想到教堂中的场景，并将崇拜等同于神圣化的场景。当然，这并没有什么不妥，但是，真正的崇拜远不止于周日参加集体唱诗班那么简单。

崇拜也是世俗和神圣界限观念的牺牲品。我们有如此多表达基督信仰的方式，在大众心目中似乎锁定了只是星期日做礼拜为唯一侍奉神或宣告我们信仰的方式。真正对主的敬拜不止是与他人在教堂里唱赞美诗的时间，更要看我们如何对待生活、人生态度、心灵的位置以及是否能忠诚地将自己有限的一切在圣灵里交付于耶稣基督，使他真正成为我们的生命之主。崇拜和工作在常人理解下似乎并不是密切关联的。

Avoda 敬拜观

若我告诉你在圣经中，工作和崇拜是如此的紧密相连以至单独一个词可以描述这两种意思。这个境界离我们多么遥远啊。对于我们现代西方基督教来说是很陌生的。然而，这是神在他的子民身上恢复的圣经真理。

Avodah 是一个希伯来词，在圣经中很常见。这个字在侍奉并赞美我主是最常用的基础单词。这个词大多数时候被翻译为"崇拜"，但是又有"侍奉"的意思。它是一个一词二意的单词。

我们平凡的工作真的是一种崇拜的方式吗？其实我们只要顺从主的旨意就是在崇拜他。这就使得神的国度降临，他的旨意成就，他能做主，他的神国所在的地方，满是对他的崇拜。

当我们打开心扉来到他面前，给他荣耀，听他的声音，坚持将所有事情做得尽善尽美，用开放而又顺从的心面对他，我们便真的做到了崇拜。

"无论作什么，都要从心里作，像是给主作的，不是给人作的。"
(歌罗西书 3:23).

我们已将基督信仰如此的知识化，是时候来关注信仰层面里我们与神的心灵碰撞了，经历上帝同在是我们与他同行的至关重要的部分。当我们被后现代教育影响而选择将基督信仰知识化就如同希腊哲学只要理智和思辨，我们会选择抵赖和降阶我们的情感和内心的感动，使之束之高阁。

让我们重新调整我们的心，去感知上帝的存在，不止是在集体做礼拜的时间，更是在每天的修行中向主敬拜。工作和敬拜是同样的事吗？你的工作之地即是敬拜的场所。当你全心全意用追求卓越的心侍奉主，学会在做任何事情时都关注他，你就是在敬拜神，他无所不在。

托付

将我们的意愿托付给主并跟随他是侍奉他的最主要形式。让他做主就是做他的工，跟他同行。这使他的能力能够释放在我们的生命中，主只会在那些将身心交付于他的人们生命中动工。我们并非机器人，恰恰相反，是在他给我们的自由意愿里，出于对他的爱选择心甘情愿侍奉他。

托付并不意味着关上大脑，神给予我们聪明是为了让我们在身处的环境中作出正确的选择。在我们将自己的意愿交付于主的行为中这本身就是崇拜神的一种方式。我们将自己的生命放在神的祭坛上，只按照他为我们所设定的目的生活。

然而，不只是我们的意愿，还有一种更深入的方式能够让我们的心超越头脑的顺服，那就是将我们的心放在一个对他渴慕和希望更多与他融合的位置上，这是最真实的崇拜。

我一直在学习"实践与主同在"，随时调整内心、有目的有意识地感知主的同在。当我这样去行的时候，能够感知主的存在，就如我在教堂里做礼拜或独自祷告期间所做的那样。

当你这么做的时候，你确实能经历你身处之处氛围的改变。你看见眼前的环境开启了，明显感到主可以触摸得到的同在。我见过在很多次会议中，当我向神的圣灵敞开心灵时，会议的氛围就发生积极的改变。，这并不罕见更不奇怪。知道主的同在并将自己交托于他，这是很正常的基督徒行为。主在他自己的同在里会释放恩惠和他的旨意，非常清晰而又强大。

劳伦斯弟兄是 17 世纪一个卑微的修士。他写了《实践与主同在》，他发现了怎样在最简单的服务他人的工作中敬拜神。现在，他的文字是关于教会历史的重要著作的一部分，其中描写到在工作中如何与主同行。

他的真名是尼古拉斯·赫尔曼，听起来宗教意味并不浓。但尼克发现他在平凡与卑微中能够感知上帝的存在；那才是真正的崇拜。真正的谦卑是爱，真正的爱是聆听并顺从主，因为主就是爱。

谦卑的将自己托付于主，可以让你的心变得敏感从而听到他的声音。与任何一门学科一样，这需要花费时间去实践并牢记你需要敏锐地去感知。他的引导并不总是显而易见的，我们要学习领会他的旨意。谦卑让我们的心处于一个非常有利的位置，我的经验告诉我，只有我谦卑的时候，才是我分辨和领会主的意图，经历他在生活中同在所带来的影响的唯一最重要的方式。同时，我们必须以深入研究他的话语为辅助。主的话语将始终是圣灵的见证。神的话语和圣灵总是彼此为证。我们也将明智地选择与周围的人该有什么距离，使我们不会受诱惑而走入歧途。我们应坚持与周围同样与主同行的人一起走天路，他们会给我们的生命带来鼓舞并让我们保持均衡。

谦卑

我觉得谦卑的概念可能是基督教中最容易被误解的一个。我们倾向于认为它要求用某种方式去降低自身。基督徒的生活并不是让我们做一个受气包，或盲目地否定自己并让自己看上去没有什么自尊。

谦卑，真正的谦卑是在认识主对别人和自己的爱和他对人类的心意的基础上去尊重人，接纳人。若我们在理解了主的价值观的基础上，拥有健康的自尊，我们就会服务于我们周围的人。真正的谦卑是与主同行，将我们的生活交托于主，实现主的旨意。

虚伪的谦卑往往只是作秀，让人看见他们是多么为他们的"谦卑'骄傲。听起来很矛盾，是吗？实则不然。假谦卑是宗教的产物。宗教生活并非是真正跟随耶稣的实践，而是一套虚伪的规则、惯例和习俗，看似有神其实毫无神生命地涌流。

真正的基督徒是将生命托付于耶稣基督，认定他为主。宗教是人对神的追求和接近；真正的基督信仰是知道这位真神是谦卑他自己来靠近我们，将我们举起，使我们成为他所创造的那个最完美的我们。

谦卑就是确切地理解爱的救主给予我们生命，目标、恩典来谦卑地接受主所指着我们生命所说真理。是的，我们需要救主；是的，我们都有罪；但主已为我们的罪付出了代价。我们已被宽恕并坐在主耶稣基督的右边。衡量我们是否谦卑就是看我们能否将心愿和生命向着主的旨意去交托。更重要的是，不管我们怎样看待自己，我们更需要知道神是怎样看我们的，遵从他的看法。

谦卑常常看起来不像我们所想的。有时它呈现的就是不退缩，有时它看起来似乎像骄傲。以大卫王举例来说，这个年轻的男孩在兄长上战场打仗时，留下来放羊、做家务。战争并不顺利，敌方有巨人助阵。当大卫为哥哥送午饭时，看见一个巨大的非利士人在咒骂上帝。

　　一种神圣的义愤填膺的感觉激怒了大卫，他认为这是不可以容忍的，于是他向巨人歌利亚单挑。他为什么敢于单挑巨人？他不知在他哥哥们的肉眼里他已是他败定了？他不管以色列天天摆阵却没有与敌人交锋的部队怎么看？他以为他是谁？他不过只是一个美少年，却以为自己能够挑战以色列最勇敢的战士都不敢挑战的敌人！我们都知道这个精彩的故事，当大卫出去迎接敌人，圣经这样记载道：

　　"大卫对非利士人说，你来攻击我，是靠着刀枪和铜戟。我来攻击你，是靠着万军之耶和华的名，就是你所怒骂带领以色列军队的神。今日耶和华必将你交在我手里。我必杀你，斩你的头，又将非利士军兵的尸首给空中的飞鸟，地上的野兽吃，使普天下的人都知道以色列中有神。又使这众人知道耶和华使人得胜，不是用刀用枪，因为争战的胜败全在乎耶和华。他必将你们交在我们手里。"（撒母耳记上 17:45 - 47）.

　　大卫是一个谦卑的人。他完全降服与于上帝，知道战争成败是由神所决定的。他在神的同在里将神给的恩膏，勇气，力量使用出来获得巨大胜利，并且完整的将荣耀归于主。

大卫做到了真正的谦卑，甚至不惜反对周围持主流意见的人。实际上，即使是那些熟识他的人，包括他的兄长，都误认为他是在炫耀。他们以为他自负、自傲、充满了虚伪的动机。这是他们内心的真实写照，并非大卫的心灵状态。

"大卫的长兄以利押听见大卫与他们所说的话，就向他发怒，说，你下来作什么呢？在旷野的那几只羊，你交托了谁呢？我知道你的骄傲和你心里的恶意，你下来特为要看争战。"（撒母耳记上 17:28）.

当你拥有真正的谦卑与神同行，那就是在敬拜主了；不要期待你周围的人（哪怕是与你很亲近的人）能够正确地理解并看待你的行为。信任主吧，始终遵循他的旨意和方式，让他决定结局。

顺服

聆听与服从是敬拜。约翰福音 14:15 中，耶稣说，爱和顺服是分不开的："你们若爱我，就必遵守我的命令。"我们往往将爱与柔软、感伤的情怀混为一谈，但真正的爱既是感觉更是行动。真爱激励我们变得顺服并愿意服侍那先爱我们的神，这才是爱。在我们与他日益亲近的关系中，我们开始领悟他向着我们的心意是何等美善，我们开始决定如何回应他的爱。

"我的弟兄们，若有人说，自己有信心，却没有行为，有什么益处呢？这信心能救他吗？若是弟兄，或是姐妹，赤身露体，又

缺了日用的饮食，你们中间有人对他们说，平平安安地去吧，愿你们穿得暖吃得饱。却不给他们身体所需用的，这有什么益处呢？这样信心若没有行为就是死的。"（雅各书 2:14 – 17）.

正如没有行动的信仰是无用的，没有被神的大爱所激励的盲目的顺服是生硬而缺少怜悯的。顺服和敬拜是同义词，两者都是被神的大爱所感动，愿意放下己意而选择神的旨意并且尊行。我们的顺服来源于心中对主的爱，那份爱是产生于他给予得爱里。

我们接收来自圣灵的提示并遵循他的带领而做事时，不仅对于我们，还对我们周围的人产生深远的影响。我们所选择的顺服和敬拜的生活方式显著地影响着我们的职业生涯。这超出了普通人的对于基督徒生活的理解范围。这不是在跟随一堆规则履行良好的道德，而是日复一日地与主同行，在这个过程中我们不仅仅依赖于他的话语，还有与他同行时与圣灵的交流。

我会鼓励你采取这种方式。这虽冒险，却比采取其它所有措施都值得。每日信赖主，确保这位充满爱的救主是你可感知的，理解他密切地关注你所做的，多么荣幸能够与主携手同行啊！这样的模式并不新鲜，耶稣已作了见证。他并没有用自身的神性行事，而是听从天父的要求，接受圣灵的恩膏，指引，加力，来行天父的旨意。

"耶稣对他们说，我实实在在地告诉你们，子凭着自己不能作什么，惟有看见父所作的，子才能作。父所作的事，子也照样作。"（约翰福音 5:19）.

我们应效仿耶稣的行事方式，他向我们提出了一个令人振奋到不可思议的观念——我们可以做的比他更大。

"我实实在在地告诉你们，我所作的事，信我的人也要作。并且要作比这更大的事。因为我往父那里去。"（约翰福音 14:12）

这种顺服似乎是颇具威胁性。若你有什么地方像我，你可能会担心这是你自己的想法、思想跑偏了，是否仅仅是自己遐想。然后，当你照着圣灵的指点去做事，你发现神他确实在对你说话！我确实经历到自己从神获得关于他人的见解然后将这些传递给他们后他们的震惊和信服。

有很多更常见的例子，我们是否常常忽略或把生命中出现的有些迹象一笔勾销。最近你有想起一些人吗？我们都会有这样的经验，也许只是主想告诉你什么。

若你遇到了这种情况，为什么不问问神你为何会想起这个人？你可能需要祷告，带他或她来到上帝面前。也许这个人需要一句鼓励的话，你就等候主透过圣经给予他或她所需要的话语。我们可以做这些简单的事情使自己调整过来去配合主的旨意成就，积极参与并关注神的国度的建立。

或许我们以为主只关心个人灵魂的得救，而不关注工作生活中看似平凡的过程。以我的经验，这两者主都一直关注着。

有一次，我坐在电脑前写一份报告。由于我是一个事必躬亲、积极而具有宏观思想的人，写报告不是我偏爱的努力方向之一。正在我集中注意力的时候，一个突然的想法进入了我的脑海。我一直在处理一个关于日本的事务，在那儿我们公司的一个主要供应商正在经历重大的业务危机。这个情况导致他亏欠我们超过100万美元的款项被冻结了。我们尝试了所有正常的渠道希望将资金解冻，都没有成功。

负责该项业务的总经理是一个有时会去教堂做礼拜的人。我们从未真正在一起谈到过关于基督信仰方面的事，但我们保持着良好的工作关系。如同我们所有人一样，他非常关注这个看起来会导致重大损失的案子。

进入我大脑中的想法是去与这位绅士为正在让大家都焦虑的日本案子祷告，我的"圣灵充满、信仰上帝的人"的反应立刻在脑海里问："你一定是在开玩笑，不是吗？"所有常见的自然反应都开始生效："他会怎么想？这样合适吗？""只有我是这样的吗？万一什么都没发生怎么办呢"

侍奉仁慈的上帝的好处是，在正确的时间他就会给你足够的勇气去做出正确的决定。

我去敲响了那位总经理的门。我顾此言彼的闲扯了一下后询问这个也去教会礼拜的人，有没有考虑过为了日本的事去祷告？他惊讶的说："没有，为什么？"我建议，也许我们可以一起祈祷，看看会发生什么。他同意了，于是我们祈祷。

我返回自己的办公桌旁，非常担心上帝会让我失望，但我更担心自己的名声超过神的名声。圣经说，信心有一粒芥菜种子那么大就可以移动大山，但我彼时的信心要比芥菜种子小得多。然而我必须相信主，顺服于圣灵的提示，将结果交在神的手上来裁决。

第二天早上，我听见响亮的声音沿着走廊过来，说："解决了，解决了！"上帝以我们的名义在另一个国家为我们做了我们做不到的事情。资金完全解冻了。他解决了一个重大的需求，完成了不可能的任务，增强了两个敢于请求主介入他们工作的男人的信心。

我见过很多次这样的事发生，圣灵微小的声音看似无关紧要，只要我去做了，却往往会产生影响。有时是很重要的事，多数时候是小事。但在上帝的安排中，有时小事才是最重要的。在这方面，路加福音16:10中说到："人在最小的事上忠心，在大事上也忠心。在最小的事上不义，在大事上也不义。"

卓越

我们被神呼召来展示卓越。我们被教导做任何事情都要卓越，如同在侍奉主。

"希西家在犹大遍地这样办理，行耶和华他神眼中看为善为正为忠的事。凡他所行的，无论是办神殿的事，是遵律法守诫命，是寻求他的神，都是尽心去行，无不亨通。"（历代志下 31:20 - 21）.

走向卓越是在尊崇地敬拜上帝，我们被呼召正所谓不仅要高标准，而且要完成最高标准。为什么？因为我们侍奉的是万王之王。他要求我们攀登我们所能攀登的更高，成为我们所能成为的最好。若我们得救了，我们就会明白主的宽恕。在这衷心的感恩中，我们乐意侍奉神。正如希西家这位以色列王行在"虔诚敬仰的心灵"，结果自然是优秀的。

我们并非处在教条主义和形式主义的奴役下向一位反复无常

的神祇投降。而是在这位先爱了我们、充满爱、发自内心愿意与我们相交的神的里面，我们才能认识他究竟是谁。

因此我们所追求的卓越应该是源于感恩的心而结出的自然果实，并非一种负担。我认为基督徒在很大程度上没能认清主的计划和目标，在此情形下，我们就失去了崇敬的欢乐和在职场中宣扬他的目标的意愿。若我们重新领悟主的旨意，我们将获得侍奉的快乐和对卓越的渴求。

我们所说的卓越应该体现在我们个人生活的各个方面，同样应彰显在我们的工作中。作为基督徒，我们应当在专业知识和服务精神方面胜人一筹。我们应该是"核心人物"，一个值得信赖的、工作总是很棒的人。我们的生活应该展现出一个被我们的造物主所改变后新生命状态，成为他人的好榜样。

我们应展现卓越的规划、卓越的人际关系、卓越的运用能力。的确，如我们在本书中多次反复提到，如果我们的确是因某个目的被呼召也被恩膏，那么当我们顺服主以成就他的旨意时，我们的本领和他的大能一定会脱颖而出。

圣经中歌罗西书 3:23 中写到：*"无论作什么，都要从心里作，像是给主作的，不是给人作的。"*成功的一切关键都在这句话里。研究并思考那一段经文，它将彻底改变你的生活，这是态度、顺服、忠诚和勤勉的基石。想象一下，若我们真的应用在工作生活中，会怎么样？我们会更加有成绩，高效、勤劳、诚实、任劳任怨、认真和成功吗？我想会的，我知道我们一定会。

我确实很享受卓越的感觉。我希望事情能做得很好，专业而高效。一个成熟的想法被有效地执行，并完工交付是个很棒的体验。我有幸与追求卓越的团队共事，并且因努力奋斗而使工作带来了显著的变化。很高兴能够成为成功的、管理有方的、令人愉快的、向着好的方向变化的一部分。

主要我们全心全意、富有激情和忠诚的方式去工作，去追求卓越，有时并不容易。我们不见得在一切所做的事情上都获得成功，这一点需切记。我们会跌倒，我们会失败，在这样的境遇里我们的态度和对神的回应仍应是一颗仆人的心，尊崇神的行为，以及对卓越不放弃的追求。我们自身的环境的反应或我们周围的人的行为都可能会导致艰难时光。有时，主会允许我们面临暂时的失败，但是他有他的原因这样做。这会使你最终会克服困难而变得更加坚强。

"你岂不曾知道吗？你岂不曾听见吗？永在的神耶和华，创造地极的主，并不疲乏，也不困倦。他的智慧无法测度。疲乏的，他赐能力。软弱的，他加力量。就是少年人也要疲乏困倦，强壮的也必全然跌倒。但那等候耶和华的，必从新得力，他们必如鹰展翅上腾，他们奔跑却不困倦，行走却不疲乏。"（以赛亚书40:28 - 31).

生活中麻烦的形式多种多样。我们要学习不仰望在地上的上司。他们也许是董事会、公司老板、CEO，或其他什么人。在工作中你可能不认同他们的意见，他们也许并不称职、或者缺乏经验、粗鲁或专横。不管你为谁服务，唯一正确的态度是服务你的上司如同在服务你的主。我们内心的态度决定了我们是否是从发自内心对神的崇敬来行事，或只是表面上对宗教原则的附和。

神在我们的生命中要我们顺服在我们上面有权柄的，总是有一个理由的，尽管有时身处其境时确实是痛苦的。这些时候我们就需要回到神的基本真理上面来。真理会帮助你克服你的烦恼和挣扎。神的话语从不失去效力。

证明卓越的一个要素是我们在所做的事上确实优秀。凡是神要求我们做的，我们都应有所专长。神不仅给我们才干也赋予我们管理才干的能力，并让我们在商务场合发展应用这些能力，在职场中为主效力。若我们知晓我们的能力，就有责任去发挥并开发潜能。学习是我们终生不间断的练习使得我们的天赋得到更好的应用。

现在在人力资源管理方面很流行对人的强势和弱势两方面的分析测试，使我们认识我们可能存在的缺点和问题。这很好，也是值得的。通过了解我们的缺点能使我们避免被其绊倒。然而我们更要做的是不断的发展和开发，提升我们的强势及潜力使我们能够活在一个不断上升的空间。

全能的上帝给予我们每个个体一套独特的才能和天赋设计方案，我们的责任是作为主所给予的这些礼物的管理员，去培养和发展这些能力而非有意无意的埋葬它们。若我们要卓越地侍奉我们的神，就要尽我们所能发挥才能使神的国在地上结出丰硕果实。

毅力

为什么我们总是谈论发展顺利的事情？我们都生活在现实世

界中，都经历过失败和成功。甚至在写这本书时，我也宁愿更多地提到那些做好了的事情，不愿提及那些没有做好的事。

在我们自我形象意识很重要的基督教义中，为了宣传跟随耶稣的舒适性，我们已经逐渐淡化和减弱了跟神同行的挑战性。若我们真与耶稣一样，我们最终都有可能在命运中面临被放逐、论断、面对不公正、被嘲笑，甚至被钉在十字架上。

我们不想谈论这样的遭遇，也不想谈毅力、耐心和放弃老我。我们只希望神的赐福但是不想负任何代价跟随神。是的，耶稣基督已经为我们的生命付出了代价，这是真的。但如果我们也想要与神走相同的路，追寻他的脚踪，变成耶稣的形象，一切也许并非我们想象的那么简单又容易。多少次我们经历灵魂的暗夜，质疑"为什么会这样？"或"为什么是那样？"很多书中描写了获得成功的七个步骤，却没有多少书告诉你当人生走向可怕的误区时，该如何面临和处理。

在西方物质至上的世界里，面对生命中所弥漫的物质至上的消费心态以及与之相伴而有的生命中真实的痛苦和孤独，并不是无神论者和不知神为何者的人们的专利。我们的西方思维模式和世界观使得深入教会的程度一如其深入社会其它部分一样。很明显，意识形态有助于麻醉世人。若我们明白我们已被并不是真正的基督徒的世界观在不断地影响着，我们就必须挑战我们所思所想，并且按照圣经的真理来对照我们的思维系统并且回到真道上来。

我们所要做的是接受好的，离开坏的。神是给予的神也是收走的神。正如我前面所说，他在我们的品格建造上的兴趣大过于对我们物质繁盛的关注。他的事务和目标非同于我们的，他的方式也不是我们的方式，所以在我们的生命中总是有我们不理解他在做什么的时候。

举例来说，新约的使徒行传中记载主让保罗去罗马，圣经中说保罗上了船，但风吹的方向却与他要去的地方相反。现在如果我是上帝，感谢上帝我并不是，那么我会让保罗去罗马，他会获得最顺的风向，并且至少得到一张商务舱票。

但拥有无穷智慧的上帝的处理方式，不止是使风向相反，还让他遇到了海难，被殴打，甚至被蛇咬伤。保罗眼中的世界似乎明显与我们的不同。

"被犹太人鞭打五次，每次四十，减去一下。被棍打了三次，被石头打了一次，遇着船坏三次，一昼一夜在深海里。又屡次行远路，遭江河的危险，盗贼的危险，同族的危险，外邦人的危险，城里的危险，旷野的危险，海中的危险，假弟兄的危险。受劳碌，受困苦，多次不得睡，又饥又渴，多次不得食。受寒冷，赤身露体。除了这外面的事，还有为众教会挂心的事，天天压在我身上。有谁软弱，我不软弱呢？有谁跌倒，我不焦急呢？我若必须自夸，就夸那关乎我软弱的事便了。那永远可称颂之主耶稣的父神，知道我不说谎。"（哥林多后书 11:24 – 31）.

除了知道主的旨意终将获胜，那个故事里没有给人太多的安慰。圣经中记述了很多神与他所宣告的旨意似乎相悖的故事。以色列人在旷野和沙漠行走了 40 年。当他们走完了曲折的路程，在进入神所赐给他们的蒙福之地即迦南美地之时，这完美的时机到来的时候，他们要跨越的约旦河恰恰就泛滥了。主完全可以选择其他任何时候让他们渡过约旦河，但主却选择了约旦河发生洪水的时机。

有时，我们可以分辨缘由，甚至试图用简单的人类逻辑去搞明白万能的主在做的事。但我们必须记得我们只是泥土，而主是陶匠。

"耶和华阿，现在你仍是我们的父。我们是泥，你是窑匠。我们都是你手的工作。"（以赛亚书 64:8）.

泥土不会向陶匠挑战说："你为何将我制作成这样？你难道不能将我制作成那样吗？为什么你不这么做？为什么你要那样做？"

"你这个人哪，你是谁，竟敢向神强嘴呢？受造之物岂能对造他的说，你为什么这样造我呢？窑匠难道没有权柄，从一团泥里拿一块作成贵重的器皿，又拿一块作成卑贱的器皿吗？"（罗马书 9:20 – 21）.

他的方式绝不是我们所设计和命定的。因为他才是主，而我们只是仆。有时不了解事情的原委是很残酷的现实，我们会觉得被神背叛和遗弃了。这些时候我们必须选择相信神的美善和大能并将信仰付诸实际，这就是所谓的信靠神。我不确定我了解原因，但我感觉若我们在此时选择敬拜与顺服神，我们的信仰将会在经历深谷后到达全新的境界。

我们常被认为是在走着一条很少有人走的路，有时很艰难，

179

有时甚至会让人难以忍受。但主一路与我们同行，无论我们是否感知他的存在。他会让我们的耐力超过我们所想，我们不会被给予我们所无法承受的试炼。

神借着以色列人在旷野的 40 年艰难时间让他们为接下来的征战时期做好了准备，他们被神预备好来服从神并看见上帝之手所带来的奇迹。他们已学会服从，他们的队伍已清除了没有信仰的人。主让他们见到的最奇妙的事是，约旦河泛滥之时，首先他们需要奇迹出现以渡河。其次，约旦河的泛滥，也正是庄稼收获的季节。

就我个人而言，我经历过神为我打开每一扇充满他丰盛的恩典的大门，将我置于领导者的位置。同时，在我的生命中他也带我穿越谷底和艰难的考验。

有一段时间我没有工作。在这个阶段，我们几乎失去了一切。当时，我开始质疑上帝的诚信。我是泥土，与陶匠争论。我需要一句话来安慰心灵，肯定他对我不变的诚信。我还期盼一个他要恢复我所失去的一切的承诺。他当时的回应在我看来虽然迅速但有点缺乏同情心。现在我似乎能轻松地说，但在当时那确实是个非常艰难的词！它被神从圣经的一个解释性版本告知了我。

"耶和华如此说，你若归回，我就将你再带来，使你站在我面前。你若将宝贵的和下贱的分别出来，你就可以当作我的口。他们必归向你，你却不可归向他们。"（耶利米书 15:19）.

我谦卑下来让我的内心来被神的真理认真的调整使我对神有符合圣经所启示的正确认识。与此同时，我的符合大众观点的神学知识被彻底挑战和改造。也正是在此期间，我网上的传教站点

www.CalledtoBusiness.com 诞生了。我与上帝的同行被震动、但是却被强化并恢复了。

在接下来的两年内，神给予我们属灵的和经济上的支持，恢复了好似被蝗虫扫荡过的一年。这使我真正在神面前谦卑下自己，所以我得到机会调整了心态，抛却了骄傲和自以为是，选择信靠信实的主，无论他在我的生活中做什么，无论任何境况只选择对他的信赖。

在我们经历考验时，我们不仅可以用言语和赞美诗来敬拜神，更应该有我们发自心底的献身、顺服和坚持。考验期间的敬拜在主眼里是弥足珍贵的。我不确定我能完全理解这个概念还是我真的想搞清楚，在工作中面对挑战和磨难的时候，我仍然发自内心地敬拜和赞美神，所以我有机会见证神看我的宝贵。

终极的崇拜是源于内心的，是贡献的立场和态度。是无论境况如何，在好的或坏的时候始终不变的赞美神。在我们工作场合让人们看见我们不仅是在属灵的层面上的顺服，更是在努力工作，力求卓越，在主命定让我们实现他使命的场所为他服务就是美好见证。工作的行为即是敬拜，因为它是有目标的、神圣的、被主指派的。当我们与主的目标一致，并为其工作时，我们的生活、呼吸，我们的存在都是在耶稣我们的主里面。

关键经文

"无论作什么，都要从心里作，像是给主作的，不是给人作的。"

(歌罗西书 3:23).

要点

· 工作即是敬拜。

· 敬拜需有一颗贡献的心。

· 服从标志着神的国度的来临。

· 没有谦逊，就没有崇拜。

· 完美的崇拜。

· 有毅力地顺从即是崇拜。

祷文

我在这里，主啊，使用我吧。我用我所有的一切来崇拜您。
奉耶稣之名，阿门。

第8章

实 现

"耶和华说，我知道我向你们所怀的意念是赐平安的意念，不是降灾祸的意念，要叫你们末后有指望。'"

（耶利米书 29:11）.

这是本书的最后一章。我相信，你也已经发现，书中字里行间传达出的一些信息已经融入了你的心灵，并提示和警醒你，让你有极其清醒的认识——那就是神非常关心你和你的工作场所。

我们已探索了工作是神的旨意，这一概念的诞生早于创造本身。若这是出自于神的想法，我们就该向他请教为什么我们要工作，怎样工作得更好，何时需要工作。若这是神的想法，他会因这个目标教导我们实现的方法。他将我们放在特定的位置上来产生他所命定我们在该环境下所能产生的影响。他在工作中密切地观察着我们，若我们的工作要很有成效，收获丰盛，我们也需要时时关注神。

我们已将工作看作是神供应我们生活所需的管道，这并不是什么新的观念。我们有责任和义务来管理神给予的资源，以供养家庭、自身的需要、神的更广义的家以及社会其它人士所需。但是我们通过工作来接受神的供应这个最显而易见的方式不知何故总是被中伤，遭致诽谤，好像从事商业活动几乎简直就是一种罪恶一样。在一星期工作的时候与星期天在教堂时的与主同在，本质意义上都是与神同行，并无高下和神俗之不同。

我们已经讨论过神的计划的一部分就是使用我们时时充满挑战的工作场所来使我们得以成长，帮助我们成为基督的式样。神在我们生活中安排了特定的人与事，让我们得以回应。当我们选择主的方式而非我们自己的，当我们服从圣灵对我们的改变和影响时，我们就得以被神塑造成型。这段时间是艰难的，我们常在自己的独立意志与主的旨意之间作斗争。而当我们顺从于主的规划，他就会在我们的生命中彰显出更多他的荣耀和他的果实来见证我们生命的更替。

当下，我们很清楚在工作中见证神的重要性，在职场中怎样使见证自然的发生，希望你阅读到此刻时已经在这个问题上获得了一些见解和认识。当我们每天与各种各样的劳动者相逢相遇，那就是一个绝妙的机会来告诉人们我们是谁以及我们所了解的耶稣，这不是能找借口退缩、忍耐、试图等待到一个更有基督徒氛围的地方才做的事，记住主已经在你的身边放下了需要这好消息的人。

见证不仅仅是尽可能多地告诉人们关于耶稣的事，更是让人们真实看见我们信仰耶稣的人生命中所发生的改变。我们的生命和我们的言语要行出一致的式样来证明我们信仰的真实。作为这世界的盐和光，我们可以用真实、自然、有效地方式来运行商业模式，在商界中的大胆无畏和成为一个好的信徒并非是冲突的。

在本书里我们进行过深层次的关于怎样与主的创造力进行合作的探讨。在职场中释放主的力量，超越我们自身的才智和长处。主带来成长、恩典和变革的力量。通过他我们能够达到和谐与重生。他是全能的上帝，通过探究他的旨意和引导，使我们能实现更多。当我们调整生活，学习聆听，开始顺服和执行他的旨意，神的国度一定会建立在我们的工作之地。

我们最终会理解那看似飘渺的敬拜神的观念在我们的实际生活中究竟意味着什么。在圣灵的恩膏下带着一颗对神顺服的圣洁之心在工作中追求卓越，这就是对神真实的敬拜。

我相信对这个敬拜神的原则的理解和认识一定会影响你的生命。但最终只有神的启示会真正的使你认识到这个原则的真实。它是一条属灵的原则，你需要有属灵的分辨力才能看见真相。

在品格与成长的章节中，我谈到了与神建立亲密关系的重要性。若我们想与主建立亲密的关系，花时间来与主在一起是我们生活中必不可少的基本组成部分，我无论怎样强调每日与主亲密同行的必要性都是不过分的。

信仰基督的人们是一个大的团体，在我们的信仰之路上我们需要与团体一起，但是每一个信徒个体都要记得一件事，那就是最终我们将独自站在主的面前。我们为天国成为生力军是花时间单独与主相处、聆听他、接受生命中的挑战、向他学习、被他变得更加坚定有力，并且不断接受天父的鼓励和安慰的必然结果。

最终，没有个人生命中的转变，就没有商务的转机。我们与主共同的安静时光就是我们真正与主合作的时机。主和我们同行的结果会通过我们生命的转变流淌在我们的工作场所，也就是体现在公共领域的个人进步。箴言 23:7 中说：*"因为他心怎样思量，他为人就是怎样。"*

其实当我们的心被主光照和改变时，最终，这颗被更新的心会引领我们的行踪，哪怕我们所说的话语，因为在路加福音 6:45 中也写到：*"善人从他心里所存的善，就发出善来。恶人从他心里所存的恶，就发出恶来。因为心里所充满的，口里就说出来。"*

我们周围的人会知道我们是谁，是好还是坏。我们要谦卑的允许圣灵变革的力量将我们改变为主希望的式样，这样我们就会更有效并且更有能力做主要我们做的事。

"耶和华说，我知道我向你们所怀的意念是赐平安的意念，不是降灾祸的意念，要叫你们末后有指望。"（耶利米书 29:11）.

关于我们的生命，神早在我们出生之前就有计划有目标，这包括我们的个人生活和及我们的职业生涯。这个计划就是祝福我们使我们更为成功，让我们做的更好，从而计划影响世界，扩展神的国度。

主给予你的是无尽的爱。这分爱是多么的深厚，以至于我们完全无法测透它的深度。他在这份爱里创造了我们，给我们目标和异象。他创造我们奇妙可畏使我们每一个个体都是完全独特的，每个个体都按照他为我们所设立的目标而创造。所以人类只有与主同在，我们才能发挥出他所内置于我们的全部真正的潜能。他的计划是完美的，他从未曾失手或者失算。

他的创意、目标和计划的执行包括了工作的时间。由于这些需要占用大部分我们生命的时间，这表示在主的思想中这是很重要的。

"我的肺腑是你所造的。我在母腹中，你已覆庇我。我要称谢你，因我受造，奇妙可畏。你的作为奇妙，这是我心深知道的。我在暗中受造，在地的深处被联络。那时，我的形体并不向你隐藏。我未成形的体质，你的眼早已看见了。你所定的日子，我尚未度一日（或作我被造的肢体尚未有其一），你都写在你的册上了。神阿，你的意念向我何等宝贵。其数何等众多。我若数点，比海沙更多。我睡醒的时候，仍和你同在。"（诗篇 139:13 – 18）.

全能的上帝独为你制定了适合你需要由你来完成的生命计划，你所具备的影响只能你去达成；没有人能完成神已命定和指派给你的任务。神更为关注的是他的旨意由你来完成。我们需要做的就是摆上自己让自己的心能够顺从于主。他已选定你，指派你完成你特有的目标。现在，我确定你已经理解了这些。你还要了解的就是主怎样在我们的工作中做他的工，这是关键。

这里有一些简单的事情需要你做，还有一些重要的原则能够帮助你使你在工作中充分发挥潜力。只有你选择与神同行时你的潜力才得以实现，所以荣耀归于主。

祷告

花时间与主谈论你在本书中所学到的知识，他会非常适应地调节到你的频道且耐心地对待你，他实在是知道你在想什么。花时间与主建立真正的良好关系，这会成为你最弥足珍贵的时间。

若你已经这么做了，何妨不多谈谈你的工作？你会惊讶于主的所想，你总是可以更深入地与他交流。

复兴

更新你对主的承诺，选择再次将自己的一切交付于他的旨意和目标。将自己的生命托付于全能的、创造你和宇宙万物的上帝，将你的心交给他，向他顺服，享受弥漫在那些亲密时刻的和平美好的感觉。若你尽力将手中的一切交付于他，你的所愿即是他的所愿，他会带领你走余下的路。

邀请

请他加入并在你的工作场所发挥影响。他是个最有教养的绅士，总是选择等候你邀请他。请他参与你所做的工作，将你的业务、环境、工作的人们在祷告中带到他面前，邀请他加入与你一同工作。

托付

每天花一点时间阅读主的话语，并与他在一起。留出一些时间，将花时间与天父一起作为头等大事。当你研究他的话语，祈求圣灵教导你使你领悟，并在实际生活中引导你，就这些简单的原则将彻底改变你的生活。

期待

在你工作时寻找上帝之手。你已邀请他参与，他将在你的职场中引领和干预你的工作，期待在工作中听见他的声音，观察开始流向你的机会和灵感，顺着他的指引放手去做吧。

这些看似简单的事情提醒着我们与他同行的原则是要付出 P-R-I-C-E（代价）。现在，就是现在，在你被其它事分散注意力之前，就开始这样做吧。请记住，你在战斗，有许多武器和策略摆在你面前让你在工作中运用它们去创建神在地上的国度。

这本书是为了让你更加靠近上帝，促使你去邀请他参与你的工作。但愿你已知道了关于如何将信仰整合于职场中的答案。当你虔诚地在祷告中考虑这些事的时候，我相信上帝已经影响了你。同样，我也在继续领悟基督徒被神呼召在商场上他们的职责意味着什么。

我想将本书最后的话语留给神是最妥当。以下引用的经文概括了作为上帝的子民在职场中要做什么。它涵盖了我们的责任，我们应当怎样做，以及我们所做的事情的重要性。

感谢您抽空阅读本书。我相信这已经成了对你的祝福。在工作时寻求神并专心为神而做，上帝会赐福你。

"你们作仆人的，要惧怕战兢，用诚实的心听从你们肉身的主人，好像听从基督一般。不要只在眼前事奉，像是讨人喜欢的，要像基督的仆人，从心里遵行神的旨意。甘心事奉，好像服事主，不像服事人。因为晓得各人所行的善事，不论是为奴的，是自主的，都必按所行的得主的赏赐。你们作主人的待仆人，也是一理，

191

不要威吓他们。因为知道他们和你们，同有一位主在天上，他并不偏待人。我还有末了的话，你们要靠着主，倚赖他的大能大力，作刚强的人。要穿戴神所赐的全副军装，就能抵挡魔鬼的诡计。因我们并不是与属血气的争战，乃是与那些执政的，掌权的，管辖这幽暗世界的，以及天空属灵气的恶魔争战。（两争战原文都作摔跤）所以要拿起神所赐的全副军装，好在磨难的日子，抵挡仇敌，并且成就了一切，还能站立得住。所以要站稳了，用真理当作带子束腰，用公义当作护心镜遮胸。又用平安的福音，当作预备走路的鞋穿在脚上，此外又拿着信德当作藤牌，可以灭尽那恶者一切的火箭。并戴上救恩的头盔，拿着圣灵的宝剑，就是神的道。靠着圣灵，随时多方祷告祈求，并要在此儆醒不倦，为众圣徒祈求。"（以弗所书 6:5 – 18）.

结语:

给教会领袖的话

首先，感谢您阅读我的书。如果您已忍受我语无伦次的随笔直到这里，我相信您得到了这本书所写的精髓。如果您跳至此页，我鼓励您读一读本书剩下的部分。在您的关照下教会里那些服务于职场的人们将感谢您领悟了这些准则。

我认为做为教会的领袖是德高望重的引领神的子民的牧人。在神的面前有很多责任，通常是吃力不讨好的，我看见了你们所负的许多代价。

我有幸在参与过许多不同的教派的崇拜，风格各异。有些是保守的，有些被他人认为是极端的。这些教会从天主教到浸信会，从长老会到五旬节派什么都有，我在这么不同的教派里都遇见了将自己的生命交托于上帝的虔诚基督徒。有许多是各个领域不同层面的商界领袖，其中绝大多数人都是在职场全职工作。

我委身于我所居住地的当地教会。正是每一个信仰基督的人对自己教会的委身使天下的教会都有团结的力量。每周去当地教会做礼拜和聆听牧师教导神的话语是我生命中重要的一部分，也是我这本书写作的前提条件。

许多在职场中传道的人因困惑和挫折感而舍弃了当地教会。挫折感来自于对多数人是被神呼召了在职场中见证神这个概念的不理解。许多教会领袖感受到那些似乎不在有组织的教会以外的地方传讲神是一种威胁。但是，我相信正是这些在职场中和其他教会形式以外的传道值得鼓励，因为他们将神的教会的潜力释放得更加有力而完备，将神的福音带到世界的各个角落，更快地推进神的国度建立的进程。

正是对神的国度的扩展的重要性的理解，使我们的眼光能越过地方教会对国度认识难以逾越的有限性，以及明白神的国不是仅仅将当地一个机构建好而已，我们就一定会领悟神的国度优先于当地地方教会这个更为广阔的画面，在这个前提下我们将真正为耶稣基督对世界产生影响。我们无法掌控神的国度，我们只能依赖于圣灵以他的时间表和目标来指挥和协调神国度的扩展。有时被认为混乱的情形恰恰是允许神有效做工的条件。

我有幸曾帮助在南奥克兰设立教会，是我有机会认识教会规划和建设、教会管理、教会发展所面临的艰巨挑战，所以我在我有限的观察力里，并且身同感受地说，每个教会领袖都要面临多少艰难挑战。

教会领袖一般都被自己所牧养的教会的成长或是教会的健康问题所包围，这是理所当然的。事实上，这表现出一种积极向上的责任感。不足之处是，以教会活动为中心会成为牧师视野的导向：祷告会、同工会，教会事工开会，教会的会，以及一些正式的教会的各项活动等。在教堂，星期天我们为那个在儿童主日学教导仅仅是两个小时的学校老师和二十个学生祷告，忘记了她的每一周从周一到周五的四十个小时的工作日中可以为神的国度影响一百多个孩子。

对于广大职场从业人士来说，带着最好的状态参加各种教会活动是需要牺牲家庭相聚的和其他休闲时间的。我斗胆认为如果我们每个人都能领悟上帝在职场上对我们的呼召，没有世俗和神圣之间的分离，那么我们都将每天有效地影响世界 20 个小时。

想象多数的教会会众被差派在职场中完成他们各自的神的命定和呼召，充满大能的去链接和触摸那失丧在神国以外的人们，在他们的社团和社区为耶稣基督发光发亮，你的教会满满是人使得你想控制人数你都没有办法。那时教会领袖会真正完成"以弗所书"以下所命定的。

"他所赐的有使徒，有先知。有传福音的。有牧师和教师。为要成全圣徒，各尽其职，建立基督的身体。直等到我们众人在真道上同归于一，认识神的儿子，得以长大成人，满有基督长成的身量。使我们不再作小孩子，中了人的诡计，和欺骗的法术，被一切异教之风摇动，飘来飘去，就随从各样的异端。惟用爱心说诚实话，凡事长进，连于元首基督。全身都靠他联络得合式，百节各按各职，照着各体的功用，彼此相助，便叫身体渐渐增长，在爱中建立自己。所以我说，且在主里确实的说，你们行事，不要再像外邦人存虚妄的心行事。"（以弗所书 4:11 – 17).

附录：圣经中的职业

特使　　　　2 哥林多前书 5:20

弓箭手　　　创世纪 21:20

穿戴盔甲的人　士师记 9:54

运动员　　　2 提摩太 2:5

面包师　　　创世纪 40:1

银行家　　　马太福音 25:27

铁匠　　　　1 撒母耳记 13:19

保镖　　　　1 撒母耳记 28:2

射手　　　　以赛亚书 21:17

制砖工　　　创世纪 11:3

建筑工人　　2 列王记 12:11

屠夫　　　　马太福音 22：4

木匠　　　　马可福音 6:3

战车的驾驭者　1 历代记 19:18

厨师　　　　1 撒母耳记 8:13

顾问　　　　2 撒母耳记 15:12

急差　　　　2 历代记 30:6

债主　　　　申命记 15:2

斟酒人　　　创世纪 40:1

设计师　　　出埃及记 35:35

看门人　　　2 列王记 22:4

刺绣工　　　出埃及记 35:35

皇帝	使徒行传 25:25
雕刻师	出埃及记 28:11
侩子手	马可福音 6:27
农民	2 提摩太 2:6
渔夫	以赛亚书 19:8
园丁	约翰福音 20:15
门卫	2 撒母耳记 18:26
宝石工	出埃及记 28:11
金匠	以赛亚书 40:19
统治者	2 列王记 23:8
摘葡萄人	耶利米书 49:9
磨工	传道书 12:3
守卫	1 撒母耳记 22:17
竖琴师	启示录 14:2
收割人	雅各布书 5:4
牧民	创世纪 13:7
养马人	2 列王记 9:17
猎人	创世纪 10:9
客栈老板	路加福音 10:35
教师	箴言篇 5:13
口译员	创世纪 42：23
狱卒	使徒行传 16：23
法官	出埃及记 2：14

羊群守护者　　创世纪 4:2

国王　　创世纪 14:1

地主　　马太福音 20:1

律师　　使徒行传 24:1

行政官　　路加福音 12:58

女佣　　申命记 15:17

男仆　　出埃及记 20:10

石匠　　2 列王记 12:12

商人　　马太福音 13:45

报信者　　1 撒母耳记 23:27

金属伪造者　　创世纪 4:22

接生婆　　创世纪 35：17

牧师　　以赛亚书 61:6

放债者　　出埃及记 22:25

音乐家　　赞美诗 68:25

划桨手　　以西结书 27:8

职员　　1 历代记 26:24

工头　　使徒行传 20:28

香料商　　1 撒母耳记 8:13

哲学家　　使徒行传 17:18

内科医生　　耶利米书 8:22

耕作者　　阿摩司书 9:13

诗人　　使徒行传 17:28

陶工	以赛亚书 29:16
传道者	2 彼得前书 2：5
神父	创世纪 14:18
地方总督	使徒行传 13:7
先知	创世纪 20:7
皇后	1 列王记 10:1
法师	马太福音 23:7
收割者	2 列王记 4:18
精炼者	玛拉基书 3:3
强盗	约翰福音 10:1
总督	以斯拉记 8:36
作家	1 历代记 24:6
占卜者	1 撒母耳记 9:9
仆人	创世纪 15:3
牧羊人	1 撒母耳记 21:7
银匠	士师记 17:4
士兵	约翰福音 19:23
间谍	民数记 21:32
管家	创世纪 43:16
石匠	2 列王记 12:12
石工	2 撒母耳记 5：11
剑客	2 列王记 3:26
收税员	马太福音 10:3

教师　　　　　1 历代记 25:8

制造帐篷的人　　使徒行传 18:3

会计　　　　以斯拉记 1:8

小号手　　　　2 列王记 11:14

葡萄种植者　　　约珥书 1：11

勇士　　　　士师记 11：1

看守人　　　　2 撒母耳记 13:34

水道运输业者　　　约书亚书 9:21

编织着　　　　出埃及记 35：35

伐木者　　　　约书亚书 9:21

樵夫　　　　2 历代记 2：10

作家　　　　赞美诗 45:1

关于作者

Mark Bilton 是位有资深 CEO 和执行董事经验的改革家，他称自己为变革催化剂。他的最近的领袖经验是 Gloria Jeans 在全球 40 个国家的 CEO. Mark 在新西兰奥克兰大学获得他的 MBA 学位，目前是澳洲工商学院和公司董事学院的委员。

Mark 在很广泛的领域的领导了很多变革，具有国际公认的优秀改革能力。

2011 年他荣获世界青年总裁组织（YPO）颇具声望的特里普罗柯曼奖（Terry Plochman Award）。该奖授予全球优秀青年总裁中的翘楚。去年他也获得了麦克尔佩奇猎头公司的"2014 年度澳大利亚零售业执行官奖"。

马克目前为从事商业领袖顾问培训的思想能源公司（Thought Patrol）执行官。在这个工作岗位上他热衷于帮助企业高管和所在公司"发挥出最大潜力"。他的使命是"大刀阔斧整改公司领导层，同时对工作场所实施人性化管理"。

他对职场的基督徒有着一股由衷的激情。他成立了"上帝的职场兵"，来"鼓励和装备基督徒在职场能高效工作"。他撰写了包括《周一至关重要：在工作场所寻求并彰显神》在内的四本著作。

参考书目：

约翰·C·麦克斯韦 2007 《领导力21法则》：跟随他们，人们会跟随你。托马斯·尼尔森

约翰·C·麦克斯韦 2011 《360度领导力》：在团体中尽你所能的发挥你的影响力。托马斯·尼尔森

迈克尔R·贝尔 2006 《企业的使命》：企业的力量在神的国度。YWAM出版

大卫·麦克拉肯 2011 《坚强的心》：发挥影响力时，勿忘诚信。大卫·麦克拉肯工作室

马克·格林 2010 《大分裂》当代基督教伦敦研究所

艾德·史福索 2009 《神圣的商业》：商场中如何发挥影响力，改变世界。王室

拉里·伯克特 2006 《商务书》：圣经中关于职场守则的完全指南。托马斯·尼尔森

里奇·马歇尔 2000 《上帝的工作》命运影像出版社

奥斯·希尔曼 2010 《工作中的信仰》：每位牧师和教会领袖都应了解的事情。阿斯兰出版社

推荐资源：

呼召在职场： www.CalledtoBusiness.com

《周一至关重要》的作者马克·毕尔顿的在线宣道网站以"鼓励并准备成为商场上最具效力的基督商业领袖"。

你会发现很多资源，包括发送至你电子邮箱的每周圣经电子商务信息。

以下列出的社交媒体网站上，可以找到《呼召在职场》：

www.Facebook.com/CalledtoBusiness

www.Twitter.com/Calledto

马克·毕尔顿： www.MarkBilton.com

《周一至关重要》的作者马克·毕尔顿的个人博客。

以下列出的社交媒体网站上，可以找到马克·毕尔顿：

www.Facebook.com/MarkBilton

www.Twitter.com/MarkBilton

www.Linkedin/in/MarkBilton

www.YouTube.com/MarkBilton

有关职场中宣道的其它推荐：

www.MarketplaceLeaders.org

奥斯·希尔曼是商界领袖的带头人，他的机构的宗旨是帮助人们通过工作发现并实现上帝完整的目标，将工作视为传道。商界领袖帮助人们通过免费的，全世界超过 25 万人使用的灵修方式完成生活中对主的回应，训练商界领袖通过培训和传道看见工作中发生的有催化剂一般的变化。

www.LICC.org.uk

LICC 网站是设想基督徒和他们的教会能够成为世界上终身的传教士。它用圣经体系、实用的资源、培训和范例来服务人们，使得耶稣的追随者更多，终生宣教的团体更加庞大。马克·格林是今天职场中的其中一位最清晰和有效的沟通者。

www.GodatWork.org.uk

肯·科斯塔在他的书《上帝在工作》里，写到基督信仰应该并且如何能在日复一日的工作中进行实践。

作为一位在伦敦金融领域具有崇高形象的银行家，他虑及工作时的信仰面临实践的挑战，公开谈到自己与野心、金钱、人际关系、成功和失败做斗争的经历。

通过圣经中的准则来巩固他的信仰，并将其应用在今日 21 世纪的工作中，在解决很多常见的问题上提供了很实用的建议：工作与生活的平衡、压力、雄心、失败和失望。

www.BusinessasMissionNetwork.com

最全面的商业宣教活动的信息资源，有很多公司、资源和文章的链接。

www.EdSilvoso.com

世界上最发挥效力的职场传道网站之一，在许多国家的综合教学改变了很多人职场和生活的境况。

www.JohnMaxwell.com

在管理层面和个人成长方面，仍然是最好的与最值得期待的专家和老师。

来自中文编译杨桦的说明：

这本书曾经被中国大陆的翻译公司译过三次。遗憾的是译文完全不能反映作者心中对奋斗于职场的基督徒的从神的感动而来的一份深爱。正是这份爱促使作者分享他人生在职场中跌宕起伏但是充满胜利的经验。他的心意是让所有今日在职场努力的人们有奋斗的永恒目标，并且分享和指出了达到这目标的实用策略。同时更为重要的是作者在书中也为读者指出一条在职场中随时得胜的秘诀。

编者是作者的朋友，并非专业翻译人士。只是领会到作者对职场基督徒的爱，并且在应用作者的得胜原则时屡受祝福后被激励来帮助作者理清中文译文的脉络。希望中文读者获得本书作者发自爱心的专业指点成为职场的佼佼者。

备忘录

职场上的每日灵修。

马克·毕尔顿著

上帝真的为我们的工作制定了计划和目标吗？

上帝是如此充满激情地关注着我们所在的职场事务。很多人已接受了我们整个生活受上帝的影响这个神圣的观念。神圣与世俗是分不开的。

你如何将信仰和工作统一起来？通过真实的商业案例，作者马克·毕尔顿在这本书分享了他的神同行经历，看见见证神为他打开大门，带他从车间来到董事会，从销售助理成长为首席执行官。

书中有 365 个短小精悍的源于圣经的信息，适用于你和你的工作。他们将改变你的工作生活以及商界。基督徒的信仰和职场成就并不冲突。

工作是上帝关于我们的计划与目标中的极其重要的一部分。神怀着深情为了他的特殊目标在他圣洁的爱中为我们的前途精心准备，并且任命，分派我们去他所预备给我们的那个特定环境成就他的目标。当我们意识到上帝之手在我们工作中的指引并且跟从时我们将发挥他创造我们时所植入的所有潜能。

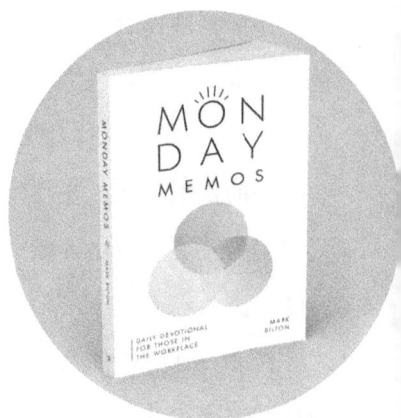

www.ingramcontent.com/pod-product-compliance
Lightning Source LLC
LaVergne TN
LVHW051259080426
835509LV00020B/3061